どんなときでも稼ぐ社長がやっている経営習慣36

はじめに

今春以降、新型コロナウイルスの猛威によって世界経済が受けたダメージは計り知れません。国際通貨基金（ＩＭＦ）のクリスタリナ・ゲオルギエバ専務理事は２０２０年の見通しについて、１９３０年代の世界恐慌以来、最悪の景気低迷に陥ると発言しています。

ここ日本でも景気はしばらくは悪い状況が続くでしょう。皆さんは実感がないかもしれませんが、戦後最長と言われていた景気拡大は、実は２０１９年の半ばまで続いていました。しかし、消費税率が８％から10％に引き上げられたことで景気は悪化しました。そんな矢先に起こったのがコロナの感染拡大です。飲食業や宿泊業、製造業を中心に、苦しい経営を強いられる会社が急増しました。

過去を振り返れば１９７０年代に2回のオイルショック、２００８年にはリーマン・ショックが起きました。このショックという言葉は経済学的には、大きな不連続のとき、すなわちトレンドがそれまでと大きく下へ乖離したときに使われます。

その意味で今回の経済危機は「コロナショック」と言えるのですが、東日本大震災なども含めたこれまでの経済危機とは違う点があります。まずダメージそのものが大きい。そして環境変化に伴う社会全体の対応が不可逆的であると考えられます。つまり、もう元には戻らないことも多くあるということです。

テレワークの普及はとても分かりやすい例です。これまでも「働き方改革」の下に進められてきましたが、外出自粛を求められる世の中になり、在宅勤務が一気に広がりました。仕事のかなりの部分は在宅でできることに多くの人が気づいた以上、仕事の多方面での見直しが起きるのは必至でしょう。そして、現場では一つ一つの作業の進め方の変更を検討するでしょうし、経営では在宅でのパフォーマンスの評価方法を模索する動きが進むと思います。

あるいは今後、働き手を減らしたり、オフィススペースを縮小したりする経営者も多いはずです。私が創業した経営コンサルタント会社には私を含めて9人のコンサルタントが在籍していて、もともと週1回だった在宅勤務をコロナショック以降は原則無制限へと変更しました。しかし支障はほとんどありません。

こうした変化は、見方を変えると「未来が早くやって来た」と言えます。これは緊急事態宣言下の街で見られた光景も同様です。電車の中も道路も空いている日常は、人口減少社会の日本に待ち受けている未来の姿だと私は考えています。

ここで会社を経営する皆さんに強くお伝えしたいことがあります。経営環境は変わりますが、経営の本質や原理原則はコロナ感染拡大が収束した後のニューノーマル（新常態）でも変わりません。それどころか、重要度はより増します。

経営の本質は経営学者のピーター・ドラッカーが言う通り、マーケティングとイノベーションに尽きます。お客さまのニーズを見極めて、ふさわしいものを提供する。その方法を、刻一刻と変わる環境の変化に合わせることで価値を創造していく。

これを押さえていれば、会社はおのずと成長し高収益体質になります。

私のお客さまに、イベント関係の仕事をしている会社があります。約25人の正社員を抱えてイベント関連の器具を中国から輸入していましたが、イベントが自粛されたため、売り上げがほぼゼロの非常事態に陥りました。

ところがこの会社の社長は「相手がコロナでは仕方がない」などと言い訳しません。お客さまが今求めているものは何か。どうすれば社会に貢献できるか。それを考えて、これまでのコネクションを生かしたマスクの輸入販売を始めたのです。需要過多に便乗することなく、利益はほとんど乗せませんでした。コロナ感染拡大が収まったとき、このマスクを買った会社がイベントをどこに任せるかは明らかでしょう。

外出自粛により大打撃を受けた飲食業界では、一部の経営者がランチの提供やデリバリーにすぐに乗り出し、お客さまに喜ばれました。経営者である以上、「うちは人手が少ないからお手上げ」と諦めるのではなく、周りで困っている飲食店と一緒に組むなど工夫するしかありません。私が尊敬する松下幸之助さんも、「富士山に登るとき、そのルートが難しいのならば違うルートで登ればいい。富士山を動かすことはできない」とおっしゃっています。

「コロナショックのせいで何もできない」。中小企業の経営者がそう言いたくなる気持ちは私にも痛いほど分かります。そのほうが楽なのも確かでしょう。しかしそれではコロナショックを乗り切ったとしても、そのうち行き詰まると思います。お客さまは「何もできないが助成金は欲しい」と言っている会社から離れていくのではないでしょうか。

できない理由よりも、やる方法。経営者に求められるのは、これまでのやり方に固執しない姿勢です。

経営の本質や原理原則を理解し、かつ常に実践してきたかどうか。すべての経営者はコロナショックにそう突きつけられた気がします。そして怠ってきた経営者ほど、苦しんだはずです。しかし知ってほしいのは、今の皆さんの姿勢がこれからの経営に表れるということです。コロナウイルスの猛威は長期的に見れば少しずつ衰えるでしょう。だから、しかるべきタイミングで新たなスタートダッシュを切るための布石を今から打っておく必要があるのです。

本書は私が経営コンサルタントとして20年以上にわたり多くの大企業や中堅中小企業の経営者や経営を見た結果、導いた経営の原理原則についてまとめたものです。原理原則は大企業にも中堅中小企業にも共通して通用するものでなければ、本物ではありません。すぐに実践できるよう、分かりやすく解説しています。ご自身の経営を振り返り、明日に生かすきっかけとしてご活用ください。

なお、本書作成にあたり、日経BP「日経トップリーダー」の平田秀俊さんには大変お世話になりました。この本がここまで読みやすくでき上がったのは彼のおかげです。この場を借りて心よりお礼申し上げます。

どんなときでも稼ぐ社長がやっている経営習慣36●目次

目次

第2章 経営者がなかなかできていない14のこと

第3章 顧客、社員に対して明日から始める13のこと

構　成● 平田秀俊
（日経トップリーダー編集部）
装丁・本文デザイン● エステム

この本の使い方

経営習慣を定期的に振り返ろう

本書では私が大事だと考えている経営習慣を36ご紹介しています。

第1章では、どんな状況に置かれてもたくましく稼げる会社が必ず実践していることを取り上げています。良い会社とはどういう会社か。目標に対してどういうスタンスを取るのがいいか。まずはここから確認してみてください。

第2章では、経営者に求められる姿勢を様々な視点で説明しています。奇をてらったものではないのですが、多くの経営者が怠りがちなものばかりです。ただ、会社を経営していく以上、とても重要なので、繰り返し実践してください。

第3章では、お客さまや社員との関係を見つめ直します。このことなくして、会社をうまく経営していくことはできません。日頃取っている行動を振り返るきっかけにしてください。

正しい経営習慣は一朝一夕には身につきません。毎日実践し、定期的に振り返ることで、少しずつものにできるようになります。じっくり取り組んでください。

第1章 苦境でも稼ぐ会社が必ずやっている9のこと

▼26点満点

1	2	3	4	5	6
お金を追うな、仕事を追え	「良い仕事」が売り上げや利益を作る	「良い会社」を目指せ	顧客志向の小さな行動を徹底する	利他心ありきがビジネスを成功させる	数値目標より先に、お客さまが望むことの目標を設定する
3	3	3	3	3	3
年 月 日	年 月 日	年 月 日	年 月 日	年 月 日	年 月 日
/3	/3	/3	/3	/3	/3
年 月 日	年 月 日	年 月 日	年 月 日	年 月 日	年 月 日
/3	/3	/3	/3	/3	/3
年 月 日	年 月 日	年 月 日	年 月 日	年 月 日	年 月 日
/3	/3	/3	/3	/3	/3

7	目標達成の努力をおろそかにしない	3	年 月 日 ／3	年 月 日 ／3	年 月 日 ／3
8	一番厳しいお客さまの目で自社を見る	3	年 月 日 ／3	年 月 日 ／3	年 月 日 ／3
9	会社の土台を朝礼で鍛える	2	年 月 日 ／2	年 月 日 ／2	年 月 日 ／2
第1章　合計		26	年 月 日 ／26	年 月 日 ／26	年 月 日 ／26

第2章　経営者がなかなかできていない14のこと

▼37点満点

10	機会の追求に時間を費やせ	3	年 月 日 ／3	年 月 日 ／3	年 月 日 ／3

17	16	15	14	13	12	11
できることはすべてやれ。やるなら最善を尽くせ	情報を知恵に変える	良かったときも悪かったときも、反省する	正しい考え方を身につける	先頭に立つ覚悟、責任を取る覚悟	ライバルの実力を謙虚に見よ	経営とは正しい努力を積み重ねること
3	3	3	3	3	3	3

年 月 日	年 月 日	年 月 日	年 月 日	年 月 日	年 月 日	年 月 日
/ 3	/ 3	/ 3	/ 3	/ 3	/ 3	/ 3
年 月 日	年 月 日	年 月 日	年 月 日	年 月 日	年 月 日	年 月 日
/ 3	/ 3	/ 3	/ 3	/ 3	/ 3	/ 3
年 月 日	年 月 日	年 月 日	年 月 日	年 月 日	年 月 日	年 月 日
/ 3	/ 3	/ 3	/ 3	/ 3	/ 3	/ 3

18	19	20	21	22	23	第2章　合計
自分の関心を世間の関心に合わせる	耳当たりが良い話を警戒する	「幸せ」と「成功」の違いを認識する	ゴールイメージを明確に持つ	素直であれ	他人事を我が事のように考えられるか	
2	2	2	3	2	2	37
年　月　日	年　月　日	年　月　日	年　月　日	年　月　日	年　月　日	年　月　日
/2	/2	/2	/3	/2	/2	/37
年　月　日	年　月　日	年　月　日	年　月　日	年　月　日	年　月　日	年　月　日
/2	/2	/2	/3	/2	/2	/37
年　月　日	年　月　日	年　月　日	年　月　日	年　月　日	年　月　日	年　月　日
/2	/2	/2	/3	/2	/2	/37

第3章　顧客、社員に対して明日から始める13のこと

▼37点満点

No.	項目	点数
24	良い会社には、良いお客さまが続く	3
25	お客さまから見た主観的一番になる	3
26	満足を十分に高めずに感動だけを求めてはいけない	3
27	社員のためにも、「なれる最高の自分」を目指し、一流の経営者になる	3
28	社員が同じことをしても許せるか	3

24	25	26	27	28
年　月　日	年　月　日	年　月　日	年　月　日	年　月　日
／3	／3	／3	／3	／3
年　月　日	年　月　日	年　月　日	年　月　日	年　月　日
／3	／3	／3	／3	／3
年　月　日	年　月　日	年　月　日	年　月　日	年　月　日
／3	／3	／3	／3	／3

29	30	31	32	33	34
お客さまにも社員にも「あなたは特別」を実践	社員への優しさと厳しさは表裏一体	社員と真摯に向き合い、夢や希望を持たせる	働きがいを感じている社員にしか、考えを伝えることはできない	理想の組織はアウトバーンに学ぶ	長所を生かせ、短所にこだわるな
3	3	3	3	2	3
年 月 日	年 月 日	年 月 日	年 月 日	年 月 日	年 月 日
3	3	3	3	2	3
年 月 日	年 月 日	年 月 日	年 月 日	年 月 日	年 月 日
3	3	3	3	2	3
年 月 日	年 月 日	年 月 日	年 月 日	年 月 日	年 月 日
3	3	3	3	2	3

35	36		
社員がわくわくする目標を立てる	怖くて、優しいリーダーであれ	第3章　合計	第1章～第3章　トータルの合計
3	2	37	100
年　月　日	年　月　日	年　月　日	年　月　日
/3	/2	/37	/100
年　月　日	年　月　日	年　月　日	年　月　日
/3	/2	/37	/100
年　月　日	年　月　日	年　月　日	年　月　日
/3	/2	/37	/100

←

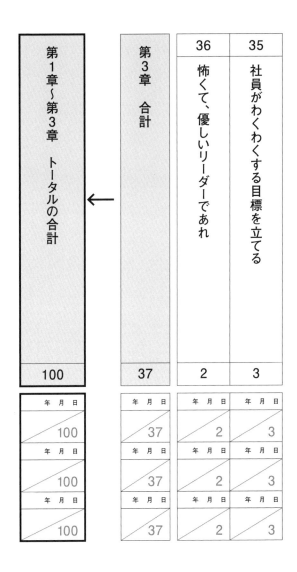

第1章

苦境でも稼ぐ会社が必ずやっている9のこと

経営習慣

01

お金を追うな、仕事を追え

経営の原点でまず大事なことは、**「目的」と「目標」の違いを認識すること**です。皆さん、目的と目標という2つの言葉を知らず知らずのうちに使い分けているのではないでしょうか。けれども、この目的という言葉と目標という言葉がいかに違うかという点をきちんと理解しておくことは、経営においてもそうですけれども、人生においてもとても大切なことなのです。

目的というのは最終的に行き着くところで、存在意義そのものと言ってもいいかもしれません。それに対して目標はというと、その目的に達するための通過点や目的達成のための手段だと私は考えています。

分かりやすく具体的にご説明します。私の場合、「経営コンサルタントの小宮一慶」としての目的は、関わるお客さまに成功していただくこと。これが存在意義、目的です。一方、私が目標として長い間持っていたのは、おかげさまで達成しましたが本を100冊出版することです。

ただし、100冊の本を出して目標を達成したからといって、目的も達成したかというとそれは別の話。私が現役で働いている限り、関わるお客さまに成功していただくという目的は、ずっと存在し続けるのです。

皆さんはご自身の会社の目的というものが何かをきちんと考えたことはあるでしょうか。皆さんの会社の存在意義です。目的と目標の違いをはっきりさせることがとても大事ですけれども、どの会社にも共通してある目的は、1つは「良い商品やサービスを通じてお客さまに喜んでいただいて社会に貢献する」。これが大きな存在意義です。別にこれはいい格好を言っているのではなく、これなくして成り立つ会社はありません。そして、それとともに、「働く人を活かし幸せにする」ことも大きな存在意義と言えるでしょう。

それに対して、売上高や利益は目的ではなくて目標です。良い商品やサービスを通じてお客さまに喜んでいただいて社会に貢献したり、働く人を活かし幸せにしたりすると、その結果、目に見える売上高や利益となって表れてくるわけです。だから売上高や利益は、ある意味、目的が達成できているかどうかを確認する物差しであり、同時に目標だと私は考えています。

働く人がしんどくなる会社は、本来は目標であるべき売上高や利益が目的化してしまっている会社です。売上高や利益だけを考えて経営者も社員も働いているから、疲れるのです。お客さまのことが売上高や利益達成のための手段となってしまっては、会社はやはりうまくいかなくなるのです。そうならないようにするために、自社の本来の目的は何だったのかということを、時々きちんと振り返ることが大事になってきます。

もちろん、売上高や利益を軽視していいと言っているわけでは決してありません。先ほど申し上げたように、自社の本来の目的が達成できているかどうか、きちんと追求できているかどうかということを判断するための尺度ですから、私は売上高や利益の出ない会社はまったく信じません。ただし売上高や利益が目的化している会社には関わりたくありません。結局うまくいかないからです。世間も働く人も、そんな会社を好きではないのです。

私の人生の師匠は禅寺のご住職の藤本幸邦《こうほう》先生という、99歳でお亡くなりになった方でして、私によくおっしゃっていました。「**お金を追うな、仕事を追え**」と。これはまさに目的と目標の違いです。良い仕事をする、つまり仕事を追うことが目的であって、お金はその結果ついてくるものなのです。

この「お金を追うな、仕事を追え」という考え方は、日本固有のものではなく普遍のようです。

数年前に2泊3日でモンゴルへ講演に行ったことがありました。現地の企業のご依頼を受けての講演だったのですが、その企業はとても大きくて、1万人もの人を雇っているような会社でした。モンゴルは人口が約320万人しかいない国です。そんな中で1万人も雇っているということは、とても巨大な企業と言えます。銀行やカシミア工場、日本の自動車メーカーのディーラー、ホテル、外資系の小売りなどを20社弱経営する巨大グループを1代で作ったオーナーはモンゴル人で、実は日本の大学を出ていて日本語を流ちょうに話せます。

その創業者が新聞に掲載された私の書籍の広告をご覧になられて、私に講演を依頼されたのです。内容は幹部300人を前に1日かけて講演するというものでした。

講演を私がお引き受けすると、創業者の方が単身で当日の打ち合わせをするために、東京にある当社にやって来られました。そして創業者から講演で話してほしいとお願いされたテーマが「お金を追うな、仕事を追え」でした。モンゴルでも、やはり成功している人は同じ考え方を持っているそうです。自分がいつも考えていることを、全くの他人である私の口からいろいろ解説してほしいとのことでした。

「講演をウランバートル市の本社で行うと、幹部の意識が変わりにくい」という創業者の考えで、会場を市内からわざわざ50㎞ほど離れた草原の中の施設に移しました。講演に先立って、相手はモンゴルの人たちですから、何をしゃべってもいいのでしょうかと確認したら、本当に思っていることを率直に話してほしいとおっしゃりました。おかげで、講演の反応はとても良かったです。

そこですごいなと思ったのが、私は松下幸之助さんが好きで、東京の自宅にいるときは、毎晩、松下さんの『道をひらく』という本を必ず読んで寝る習慣があります。その話を講演で披露したところ、創業者がすぐに松下さんの本を買ってきなさいと周りに指示を出しました。300人ほどの幹部の中で20人ほどは日本に留学経験があり、日本の大学や大学院を出ている人たちなので、日本語が分かるとのことでした。その人たちが分担して『道をひらく』の内容をモンゴル語に翻訳して、幹部で読み合わせをする場を用意するようにしたいというのが創業者の狙いでした。

やはり世界中どこでもそうですが、**世の中が求めているのは良い仕事**なんですね。だから、やっぱり「お金を追うな、仕事を追え」ということを根本にすると、日本でもモンゴルでも成功するんだと改めて強く感じました。このモンゴル出張の前日までは米国に出張していたので時間的、体力的には結構厳しかったのですが、私に非常に貴重な経験を与えてくれたと思っています。

採点ポイント

本来の目的をないがしろにして、売上高や利益を追っていませんか

年　月　日
／3点中

年　月　日
／3点中

年　月　日
／3点中

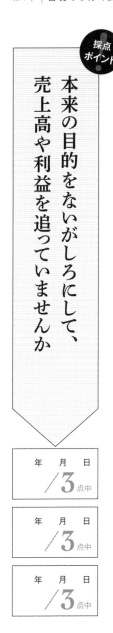

経営習慣

02

「良い仕事」が売り上げや利益を作る

「良い仕事」についてお話を申し上げます。お客さまや世の中は、皆さんの会社に良い仕事をしてくれることを求めています。ですから私は経営のアドバイスをしている会社の経営者たちに対して、「良い仕事をすることに集中したほうがいいですよ」ということをよく申し上げています。

私は「良い仕事」というものに定義を持っていまして、3つあります。良い仕事というのは、1番は**お客さまが喜ぶこと**。2番目に**働く周りの仲間が喜ぶこと**。そして3番目に**工夫**。繰り返しますと、お客さまが喜ぶこと、それから働く周りの仲間が喜ぶこと、工夫、この3つに集中するということが大事だと考えています。お客さまが喜ぶことというのは、皆さんなら当然お分かりでしょうし、働く周りの仲間が喜ぶことということもお分かりだと思います。

ある会社で研修をしていたら、そこの社員さんが「働く周りの仲間を喜ばせるというのは、具体的には**次にその仕事をする人がやりやすくなるようにすること**」と言っていたのですけれども、まさにその通りだと思います。自分の仕事の後に続いて仕事をする人がやりやすくなるように工夫をしてあげれば、その相手はきっと喜びます。チームワークももちろん良くなります。

3つ目の工夫に関してはお客さまが喜ぶこと、周りの仲間が喜ぶことに関して、いろいろ工夫をすることが大事なんですけれども、工夫することで時間の節約ができるようになります。同じことをより短い時間でできる、あるいは質を高めるということは、より多くの方に喜んでいただけるということだと私は思っています。

お客さまから支持されない多くの会社は、売上高や利益に集中しているのではないでしょうか。さらにその会社で働いている人も売上高や利益が目的化すると、しんどくなってきます。

世の中が求めていることや働く仲間が求めていることとは、今、申し上げた良い仕事、つまりお客さまが喜ぶこと、働く周りの仲間が喜ぶこと、そして工夫です。良い仕事をすればするほど売上高や利益が上がる。言い方を変えると、**良い仕事に集**

中したほうが結果的に売上高や利益が上がるということを、皆さんに理解していただきたいのです。そして、これが本当に分かれば経営はうまくいきます。

これは綺麗ごとではなく、実践している会社を私は何社も知っています。例えば神奈川県のある会社は、これまで申し上げてきた3つ、お客さまが喜ぶこと、働く周りの仲間が喜ぶこと、工夫というものをそれぞれの人が月間目標として立てて、月末には上司と一緒に評価して、また翌月に生かすということをずっと繰り返していきます。皆さんも良い仕事ということに集中していただければと思います。

採点ポイント

お客さまや働く周りの仲間が喜ぶことに、正面から向き合っていますか

年　月　日
/3点中

年　月　日
/3点中

年　月　日
/3点中

経営習慣

03

「良い会社」を目指せ

「良い会社」についてお話ししたいと思います。良い仕事と同じように、良い会社についても私は3つの定義を持っています。それを申し上げますと、まず、**「良い商品やサービスを提供し、お客さまが喜び、社会に貢献する会社」**。次に**「働く人が幸せである会社」**、そして最後に**「高収益」**であるということです。この3つを成し遂げている会社は良い会社だと私は定義しています。これは先に話した「良い仕事」の結果なのです。

順に詳しくお話ししていきます。まず、良い商品やサービスを提供してお客さまに喜んでいただいて、社会に貢献する会社ですが、これがなければ、そもそも会社の存在意義がないことになります。私の言葉で言えば独自のQPS、すなわちクオリティー・プライス・サービスを提供しているということが、この良い商品やサービスを提供することと、同じ意味になります。

良い商品やサービスを提供して、お客さまに喜んでいただいて、さらに社会に貢献するところまで考えないといけません。お客さまに喜んでいただける商品やサービスを提供している会社があったとして、極端な例ですが、それが危険ドラッグのような反社会的なものであれば社会に貢献できているとは言えないはずです。

2つ目の働く人が幸せはどうでしょう。お客さまに良い商品やサービスを提供して喜んでいただき、かつ社会に貢献していても、そこで働く人が幸せでなければ、やはり良い会社とは言えません。経営学者ピーター・ドラッカーは、現代では、働く人が社会と最も接している窓口である会社が人を幸せにしていないというのは、社会にとっての自己矛盾だと指摘していました。私もその通りだと思います。ですから、良い商品やサービスを提供してお客さまに喜んでもらい、社会に貢献することと同じく、働く人が幸せということはとても大事になってきます。それを実現するためには、「働くことそのものの喜び」と「経済的な喜び」の両方を社員に感じてもらえるよう、経営者は努力しなければいけません。働くことそのものの喜びは、お客さまや働く仲間に喜んでもらい、工夫することから生まれるのです。

3つ目の高収益については、これまでにお話しした1つ目、2つ目ができているかどうかを評価する明確な指標になると思います。

では具体的に数字に落とし込むとどうなるか。私は高収益を皆さんの会社が作り出している付加価値を使って判断しています。付加価値とは平たく言えば、売り上げから仕入れを引いたものです。小売業や卸業を経営している会社の場合は売上総利益（粗利）ですね。製造業なら売上総利益に、製造に関わる人件費と減価償却費を足し戻したものになります。それが付加価値。この付加価値の2割の営業利益を出す会社を高収益企業だと考えています。

採点ポイント

お客さま貢献、働く人の幸せ、高収益。この3つを達成できていますか

年　月　日　／3点中

年　月　日　／3点中

年　月　日　／3点中

経営習慣 04

顧客志向の小さな行動を徹底する

今の時代はとても便利な社会で、皆さんも例えば駅の自動改札機はＩＣカード乗車券をタッチして通っていると思います。こうした便利な社会が、実は会社や働く人の二極化を進めていることを皆さんは理解されているでしょうか。

かつてはどの駅へ行くにしても、切符を買う必要がありました。切符を買うには路線図を見て目的の駅まではいくらかかるかを確認した上で、現金を券売機に入れて切符を買い、場合によってはおつりを確認し、それを改札機に通す。さらには、その小さい切符をなくさないように持って、到着した駅の自動改札機を出るときに再び取り出して…ということをしていたわけです。

ところが今は行き先すら決めなくても自動改札機にピッとタッチして、着いた先でもピッと鳴らして出るだけでいい。表面的な生活ではものを考えなくても済むようになっている。とても便利なのですが、これが二極化の原因だということを改めて理解することが必要です。

そうしたことの裏に隠れているもの自体は、すごく複雑です。これは別に自動改札機のような機械に関わるものだけが複雑になっているというわけではありません。社会全体が非常に複雑になっていて、**複雑系の社会の中に皆さんも私も生きている**わけです。けれども表面的な生活は簡単になっていますから、多くの人はあまり深くものを考えていないし、そこまで考える必要もありません。

ところが経営者である皆さんは、そうはいきません。経営をしていくには多くのことを考える必要があり、複雑なことに対する思考力がないと対応できなくなっています。現代はこの思考力を持っている人と持っていない人との差がすごく広がっている状況です。働く人の二極化です。

私は**ビジネスにおいて必要なスキルは「思考力」と「実行力」**だと思っていて、その思考力を高めることが、この複雑な時代で経営するためには必要なのです。特に経営は高いレベルの思考力と実行力を必要とするので、能力差が顕著に出る仕事です。経営者はいかに思考力を高め、実行力を高めるかということが大事で、それが会社を二極化させていくのではないでしょうか。

お客さまが必要としているものをどう見極めるか。先の時代も読んで自社をどう変えていくか。こうしたことを考え抜かないといけません。そして考え抜いたら、実行に移す。

一方、お客さまの本当の気持ち、真意は何かと考えることが大事だと分かっても、働く人の意識を高めるのはかなり難しいでしょう。では何ができるかというと、**お客さま志向の小さな行動を徹底する**ということに尽きます。意識よりもまず行動。行動を繰り返すうちに意識が徐々に高まってくるということが言えると思っています。

皆さんの中には空手や剣道、柔道などの武道やお茶、お花の稽古をたしなむ方がいらっしゃるかもしれません。これらすべてに共通するのが、「形から入る」ことです。我々凡人は小さな行動を何千回、何万回と繰り返していくにつれて、意識が高まっていくと私自身は理解しています。

皆さんも、そして皆さんの会社で働く社員の方も、挨拶、電話の応対、伝票の書き方、それら一つ一つがお客さま志向になっていて、そうした行動を徹底できていることが、会社を成長させる大きなポイントです。

厳しいことを言うようですが、皆さんの会社のお客さまは、皆さんや社員の方の意識が高まることを求めているわけではありません。もちろん意識が高まるに越したことはありませんが、それよりもきちんと挨拶してほしいのです。あるいは電話には早く出てほしい。**お客さまが求めているのは小さな行動**なんです。そこが大切です。小さな行動を繰り返していくうちに、意識が徐々に高まってきて、お客さまが本当に求めているものが何かということが分かるようになるはずです。

皆さんの会社はどこもお客さま第一ということを大事にしていらっしゃると思います。素晴らしい考えだとは思いますが、それだけでは十分ではありません。お客さま志向の小さな行動の徹底がまずは必要です。そのためには、社員の方に求める前に、経営者の皆さん自身が先頭に立ってお客さま志向の行動をするということが何よりも大事です。皆さんが先頭に立って行動し、意識が高まれば、間違いなく会社は良くなります。

こうしたお客さま志向の小さな行動を徹底することで業績を上げている会社をご紹介します。神奈川県を中心に、ナブコブランドの自動ドアを設置したりメンテナンスしたりしている神奈川ナブコという会社で、当社のお客さまでもあります。

神奈川ナブコは具体的に何をしているかというと、月初にすべての従業員がお客さまに喜ばれること、働く周りの仲間に喜ばれること、そしてそれをいかに工夫してやるかを考えて、小さな行動の目標を立てています。例えば自動ドアの設置やメンテナンスを担当している人は、その作業後に周囲を5分間掃除してきれいにするとか、社内で事務を担当する人なら、これまで3コールで取っていた電話を2コールで取るといった具合です。

そして、その目標がどれくらいできたかを、月末に5段階で自己評価しています。さらに上司が評価し、役員や社長もコメントして本人にフィードバックするというサイクルをずっと繰り返しています。その結果、何が起こったかというと、まずは離職率が格段に下がりました。従業員が働くこと自体に喜びを感じるようになったんですね。若い従業員で「朝、会社に行くのが楽しい」という人が増えました。

お客さまからいただく評価もとても高くなりました。あるとき自動ドアの修理料の請求書をお送りしたら、お客さまから請求額よりも2万円多く振り込まれるということがありました。お客さまがきっと間違われたのだろうと思って問い合わせたところ、「あれだけのいい仕事をしてもらったので、請求額だけを支払うのは申し訳ないから2万円をプラスした」とおっしゃったそうです。ほかのお客さまからも表彰状を突然いただくなど、こういった事例には事欠きません。

働く人の工夫も増えました。ある事務員はお客さまから「自動ドアが故障したので修理してほしい」という電話を受けると、これまでは工務部門に回していたそうです。ところが、自動ドアの故障はパターンがある程度決まっていることに気づき、マニュアルを読んだり、工務の勉強会に出て知識を吸収したりすることで、故障対応の半分程度は自分で答えられるようになりました。その取り組みは周りにも広がり、問い合わせ窓口で対応できることが増えて、やりがいにつながっています。

神奈川ナブコでは営業だけではなく、工務・設計・事務の社員がお客さまから評価された結果、次の仕事の受注率が向上しました。その結果が高収益につながり、従業員への待遇に反映されるという非常にいい循環になっています。

採点ポイント!

会社での一つ一つの行動がお客さま志向になっていますか

年　月　日
／3点中

年　月　日
／3点中

年　月　日
／3点中

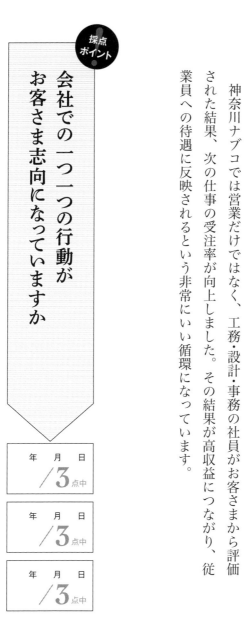

経営習慣

05

利他心ありきがビジネスを成功させる

ビジネスや人生でとても大切な利他心について、お話をしたいと思います。利他心は「他を利する心」と書きます。人生がうまくいく人とうまくいかない人に分かれる大きな要因になっていると思っています。**利他心を持ってビジネスや人生に向かっていくのかどうかで、その後の結果は大きく変わる**のです。

ビジネスというのは、お客さまに喜ばれる商品やサービスを提供したり、周りの人と協力したりして仕事をし、結果を出していくことです。皆さんはこれまでを振り返ったとき、利他心を優先させてきたでしょうか。それとも自己中心的な考えを優先させてきたでしょうか。

以前、こんなことがありました。寒かったので、私はある店で鍋を食べていました。カジュアルな店で、低いパーテーションで仕切られた向こうのテーブルから食事中の人たちの声が聞こえてきました。恐らく4人だったと思います。年齢は40歳くらいの課長と部下の方3人で、鍋を囲みながらお酒も飲んで賑やかにされていたのですが、耳に入ってくる彼らの話を聞いていて、「この人たちは将来きっとうまくいかないだろうな」と思ったのを覚えています。

短い時間居合わせただけなのに、私がどうしてそう思ったかがお分かりでしょうか。「もう少し頑張って、ボーナスをもらおうよ」と課長さんが言うと、部下の人も「それはいいですね」と応じていて、私もそれ自体が悪いとは思いません。ただ、1時間くらい話している内容が、「自分たちがいかにお金をもらうか」ということに終始していたんです。どうやら営業職のようだったので、お客さまにどういう提案をするかということが話の中心であれば利他だと思います。しかし自分たちがいくらもらうかとか、どうやって儲けるかとか、そういった自己中心的でお客さまそっちのけ、会社全体のこともそっちのけのことばかりを考えていたら、きっと行き詰まると思います。

ビジネスはお客さまに商品やサービスを差し上げることであり、それが良い商品やサービスであるほど利他になります。結果として売り上げや利益がついてくるのは間違いありません。けれども自分たちがいくら儲けるかしか考えていないようであれば、それは「自己中」でしかありません。皆さんの会社の売り上げや利益や働く人の給与などは、お客さまにとっては、まったく知ったことではないのです。

言い方を変えると、**経営者は売り上げや利益が後からついてくるような良い経営、良い仕事をしないといけません**。売り上げや利益のために仕事をしている姿勢は、利他とは正反対です。先にも申し上げたように、利他の心でお客さまに喜んでいただくこと、働く仲間に喜んでもらう気持ちでずっと仕事を続けると、その先の道はどんどん開けていきます。逆に自分たちがいかに儲けるかということしか考えていないと、道はどんどん狭まっていくのです。

ここで誤解されている方が多くいらっしゃるので、1つお伝えしたいことがあります。利他心は自己犠牲を必要とするわけではありません。私の人生の師匠の藤本幸邦先生も生前によくおっしゃっていたのですが、自己犠牲をすると長続きしない。

お客さまに喜んでもらうこと、それから周りの働く仲間に喜んでもらうことを、自分の喜びとできるかどうかということが、とても大事になってきます。もしそういう気持ちを持っていない社員が皆さんの会社に在籍しているとしたら、それははっきり言って採用の誤りです（あるいは経営者自身が自己中で、そういう気持ちが伝播したのかもしれません）。

そういう人を採用している会社は、どんなに高い実力があったとしても将来は伸びません。やはりお客さまに喜んでもらって、自分の喜びにできることに尽きるのです。それを理解しているかどうかがビジネスの成否を大きく分けるポイントだと思います。藤本先生は、「お金を追うな、仕事を追え」ということをよくおっしゃっておられましたけれども、実はそれこそが利他心そのものだったと私は解釈しています。

仕事をするということは、とにかく周りの人を喜ばせるということです。その結果が自然とお金につながるというふうに考えられるかどうか。ビジネスや人生をいいものにするには、利他心（＝良い仕事）が先に来るということがとても大事だと思います。

採点ポイント！

お客さまに喜んでもらうことを自分の喜びとできる会社ですか

年　月　日
／3点中

年　月　日
／3点中

年　月　日
／3点中

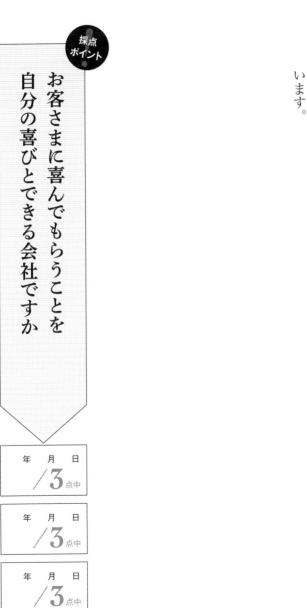

経営習慣
06

数値目標より先に、お客さまが望むことの目標を設定する

経営方針や経営計画は、どういう会社になりたいかということを社内外にはっきりと示す重要なものです。私の会社はお客さまを毎年冬にグアムへお連れして、経営計画策定の研修合宿を開いています。

ドラッカーは、会社の事業を定義するときに次の3つを決める必要があると言っています。まずは「**目的**」。何のためにその事業をやるのかということですね。そして「**自社の強み**」、それに「**市場**」を考えるということが続きます。

この目的と強みと市場は、違う言い方でも表現できます。目的は、まさにミッションやビジョンや理念という形で皆さんの会社で示されているもの。それから強みと市場に関しては、内部環境や外部環境を分析するということと同義になります。

これらをきちっと理解した上で、ドラッカーは事業の定義は「目的から考えていくべき」であると言っているのですが、ミッションやビジョンや理念というものが会社の中核となり、経営者や社員がきちっと理解していることが前提になります。そうでないと、正しい方向づけができないからです。

日々の経営においては、この目的は目標に落とし込むことになります。このとき多くの会社では、まず数値目標に落とし込むことをしているという問題がよく見られます。しかしそうではなく、**マーケティングの目標**、つまりお客さまが何を欲していて、自社はそれをどうやって提供するかというところから目標を考え始める必要があります。これこそが真の「お客さま第一」です。

さらに言えば、同時に**イノベーションの目標**も決めなければいけません。何を大きく変えていくのか。製品を変えていくのか、どう製造方法を変えていくのか、流通を変えていくのか。何でも構いません。やり方を根本的に変え、新しい価値を作るということを検討するのです。

整理すると、すべては目的の設定から始まり、それをベースにしながら自社の強みや弱み、市場を分析する。そして、お客さまが求めているものをいかに提供するかというマーケティングと、その方法をどう変えていくかというイノベーションの2つの視点から考える。十分に検討を尽くして内容が固まったら、ここでようやく数値目標に落とし込むステップに入ります。私はこれが正しい手順であると考えています。

皆さんの会社はお客さま第一ということを標榜されているはずです。その通りに、お客さまが求めているもの、そしてそれを提供するために何をしないといけないかということからスタートするのです。もちろん、私は数値を軽く見ていいと考えているわけではありません。最初に数値目標ありきではないということを申し上げたいのです。

常に変化し続ける社会においては、マーケティングやイノベーションに終わりはありません。この点を経営者の皆さんは忘れないでいただきたいと思います。

やや余談になりますが、こんなことがありました。先ほどグアムで経営計画策定の研修合宿を開いていると申し上げました。この合宿にはいつも日本の航空会社を利用していたのですが、米国の航空会社を利用したときのことです。

飛行機に乗ってとても驚いたことがありました。それはサービスの内容がどうといったことではありません。飛行機に乗ると非常脱出のためのビデオが機内に流れるのを皆さんはご存じでしょう。世界中の多くの航空会社は日本も含めて、実際の飛行機の映像やアニメを使って脱出の手順を非常に真面目に示していると思うのですが、私が乗った米国の航空会社は自社の飛行機を飛ばしている世界各地の風景を取り入れ、その場所で脱出の手順をアドバイスするという構成のビデオを流していたのです。つい見入ってしまうほどの面白さでした。

この米国の航空会社が独自性の高いビデオをつくって乗客に見せていることも、小さいかもしれませんが、マーケティングやイノベーションの1つと言えると思います。まずはそのことに感心しました。さらに、いつも同じことをやっていると、発想が固定化されてしまうと反省しました。いつもとは違う米国の航空会社を利用したからこそ、このユニークなビデオを見ることができました（その後、ANAもユニークなビデオを流し始めました）。

採点ポイント！

数値目標を立てる前に、お客さまのニーズを真剣に考えていますか

年　月　日
／3点中

年　月　日
／3点中

年　月　日
／3点中

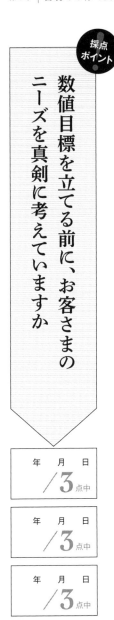

経営習慣

07

目標達成の努力をおろそかにしない

皆さんの会社では年間目標や月間目標を立てているところが多いと思います。私が経営している社員15人の会社も、もちろん目標を設定しています。

目標についてはいろいろな考え方があると思いますが、私は**目標というのは達成するもの、達成すべきもの**だと考えています。

どうしてそう考えているかというと、私はこれまでにたくさんの会社を見てきましたが、ずいぶん高い目標を立てて、8割程度達成できればいいかなどと考えている経営者が珍しくはないんですね。そのやり方を続けると、目標は達成できないことが当たり前という思考になりがちなので、私は反対の立場です。年間目標や月間目標といった大きな目標に対して、「達成しなくても当たり前」という姿勢でいたら、その手前のもっと小さな目標も達成しなくて当たり前と考えてしまうようになると思うのです。人生の目標も同じです。

私が親しくさせていただいているお客さまの中に、自動車部品メーカーさんがあります。その会社さんは自動車メーカーに部品を納めています。自動車メーカーは日本でも海外でもジャストインタイム生産で在庫を持つことを徹底的に回避するようにしていて、部品メーカーさんの立場からするとすごく大変です。決められた数の部品を、決められたある一定時間のうちに納入しないとペナルティーを課されてしまいますから。しかも、シックスシグマと言って100万分の1個単位の不良率に抑えないと許してもらえないそうです。

こういう厳しい環境にさらされている会社が、もしも目標達成は適当でいいよ、8割達成したらいいよという姿勢でいたら、もうその日から会社として成り立たなくなるでしょう。逆に言うと、日本の自動車メーカーや部品メーカーさんが強いのは、この非常に厳しい環境の中で毎日鍛えられているからです。

この本を読んでいる方の中には上場会社で働かれている方がいらっしゃるかもしれません。私も今までに上場会社4社の社外役員を務めてきました。ご存じの方がいるかもしれませんが、上場会社においては売上高が開示している業績予想より1割、利益の場合は3割上振れもしくは下振れした場合は、外部開示義務ということで即座に公表しないといけません。

ですから上場会社の場合は、期初に立てた目標を達成することが半ば当たり前ということになっています。目標の立て方自体が曖昧で、目標を達成できてもできなくても、「まあ、いいか」と済ませてしまう中小企業の経営者を見ると、とても残念に思います。

目標についてもう1つ言及しておくと、「ストレッチ目標」という言葉を聞いたことがあるでしょうか。この言葉を多くの人が誤って理解しているような気がします。

ストレッチ目標は「頑張る目標」ではありません。もともと米国のGE、ゼネラルエレクトリック社で使われていた目標設定の仕方で、外部環境と内部環境がベストの状態のときに、どれだけの売上高や利益が出るかと事前に決めたものをストレッチ目標と呼びます。

ビール会社を例に挙げると、ビールという飲み物は気温次第で売り上げが大きく変わります。外部環境の1つである夏の想定最高気温の平均が33度だとか、内部環境として営業の人員が充足した、工場の稼働率が100%など、すべてが100%想定している状況になったときに実現する売上高や利益がストレッチ目標ということになります。

その際、例えば最高気温の平均を33度と見積もっていたところ、蓋を開けたら35度の炎天下が連日続いて見込みよりもたくさん売れたとしても、その好業績は経営者の手腕のおかげとは言えません。あくまでも想定していた内部環境を100%達成することが大前提となるのです。

目標は決めた以上、必ず達成するという姿勢で精いっぱい努力する。ただし低い目標を立てて達成しても意味はありませんから、覚悟を持って、全社が思い切り頑張れば達成できるというレベルの目標を立てて、それを達成させることが大事なのです。

採点ポイント！

「目標は8割達成したら十分」と緩く考えていませんか

年　月　日
／3点中

年　月　日
／3点中

年　月　日
／3点中

経営習慣 08

一番厳しいお客さまの目で自社を見る

私は経営コンサルタントとしてたくさんの会社に顔を出させていただいています。会社が伸びるか、それとも沈むかの決定的ポイントは、言うまでもなくお客さまからお金をいただいている商品やサービスですが、ちょっとしたところで分かることも意外と多いものです。

例えば会社に入ってすぐの受付で、既に気づくことがあります。大きな会社の場合は受付に人がいるので対応してもらえますが、中小企業では電話が置いてあるだけというケースが結構あるのではないでしょうか。どこの部署に電話をかければいいかが分からないと、戸惑いますよね。

こんな場面でよくあるのが、こちらの用件とは関係ない社員が知らん顔して素通りしてしまうこと。それに対して、通りかかった社員が「ご用件を伺っていますか」と声をかけてくれる会社もあります。もちろん前者が沈む会社で、後者が伸びる会社です。

この2つの会社の違いは、社員が多方面に関心を持っているかどうかの差です。仕事で頭がいっぱいで心の余裕がないのか、それとも満足な社員教育がされていないのか。いずれにしても、社員が素通りする会社は成長が期待できるとは言えないと思います。自分を訪ねに来たお客さまではないから関係ない。そんな感覚から透けて見えるのは、自分が会社に所属する一員という意識の欠如。会社全体を考えれば、すべてのお客さまに丁寧に接することが当然ということに気づくはずです。

こんなこともありました。地下鉄の駅のホームに降りて地上へ向かうエスカレーターに乗ったときのことです。改札を抜けるとある大手電機メーカーの本社ビルがあり、そこに至るエスカレーターの両脇に同社の広告が出ていたんです。気になったのはその内容で、もう夏を過ぎて肌寒くなりかけているというのに冷房機器を宣伝していました。

この電機メーカーの社員は駅の自社製品の広告を毎朝何百人、場合によっては1000人以上が目にしていると思うのですが、季節に合っていない広告を出していることに気づいていないのか、それとも気づいても自分には関係がないと思っているのかもしれないと思いました。しばらくしてその電機メーカーは業績が悪化し、この本社ビルを売却してしまいましたが、この件があったので私は勝手に納得してしまいました。

もう1つ、伸びる会社と沈む会社を見分けるちょっとしたポイントをお話しします。スーパーやファミリーレストランなどで、スタッフの名札に「研修中」と書かれてあったり、若葉マークが貼られていたりするのを見たことがあると思います。これはお客さまのことをきちんと考えていない会社であり、業績を伸ばすことを期待できない会社だと私は考えています。

先にお伝えしておくと、「研修期間中なので、サービスが十分ではありません。その分、お値引きさせていただきます」となっているのならまだ納得できます。しかし、そうした話を聞いたことはありません。

新人スタッフとそうでないスタッフで同じ料金をお客さまからいただくのに、どうしてお客さまに気を使わせるのでしょうか。レストランの方と話をする機会があったので、「なぜ、研修中のプレートを付けているのですか」と聞いたところ、「周りにいるスタッフに新人で研修中ということが分かるようにしているのです」と答えが返ってきましたが、ならば自社のスタッフだけに意味が分かるリボンなりマークなりを付ければいいだけだと思います。

会社が伸びるか伸びないか、この2つを分ける大きなポイントを端的に言えば、お客さま志向、外部志向かどうかです。だから私が経営者の方たちによくお伝えするのが、「**一番厳しいお客さまの目になって、自社がやっていることを見てください**」というお話です。内部事情を優先させようとしてしまうことはどこの会社でもありがちだと思います。しかし内部事情を実際に優先させている会社で、業績を伸ばしているケースを見たことはありません。

さらにお話ししておくと、くどいアンケートを取る会社がありますね。あれもお客さまにとっては苦痛であり、迷惑ですね。アンケートはお客さまにしか分からないこと、つまりお客さまの感想や満足の程度を教えていただくためのものであって、微に入り細に入り何でもお客さまに聞こうという姿勢は良くないのです。

採点ポイント

内部事情よりも、お客さまのことを優先できていますか

年　月　日
/3点中

年　月　日
/3点中

年　月　日
/3点中

経営習慣

09

会社の土台を朝礼で鍛える

朝礼は中小企業にとって2つの目的を果たすために、欠かせないと私は考えています。1つは「社員教育」で、もう1つは「経営者の姿勢を示す」ためです。

会社が成長するには生産性を上げることが大事で、社員の「基礎力」を高めることがその土台となります。仕事の意味を理解する力を高めるとともに、仕事に向き合う意識を高めることも求められます。

例えば、上司から「コピーを100枚取ってほしい」と言われれば、部下は誰でもその意味は理解できます。しかし、「どんな目的で必要なのか」「誰が読むのか」「100枚で過不足はないのか」といったことにまで気を配れるかは、部下によって違います。全員をそういった人材に育てるには、意識が鍵を握ります。

そんな意識教育の格好の場になるのが朝礼です。私はコンサルタントとしておつき合いする会社に環境整備、すなわち整理整頓と掃除の徹底を勧めています。目的はきれいなオフィス環境で仕事をするためだけではありません。日々の変化に気がつく意識を養うことにあります。

「今朝は○○さんの机の周りにゴミが多いけれど、昨日は忙しかったのかな？ 今日は私が何か手伝えるようにしておこう」などと、変化に気づき、次の手を準備しておく。こうした仕事への意識や気づきこそが、生産性や質の向上につながるのです。それは、毎日トレーニングを続けてこそ、身につきます。

もう1つの目的は経営者の姿勢を示すことで、この点においても朝礼は格好の場になります。私の会社では、全員参加の朝礼は創業時から欠かしません。15分ほどの環境整備に始まり、その後、当番が経営理念と取り組み方針を読み、各人が今日する仕事の内容報告と情報共有、最後に当番のスピーチで締めくくる。これが1日の仕事を始めるけじめにもなるのです。在宅勤務が増えた今でも、ビデオ会議サービス「Zoom」で在宅勤務者に参加してもらっています。

我々のようなコンサルタント業が環境整備を欠かさないことは、社員とお客さまの両方に向けて大切です。なぜなら優れた戦略を立てられても、理屈だけが先立って手を動かさない人間を周りは信用しないからです。論理だけでは目の前に落ちたゴミが片づかないのと同じで、実際に手を動かしてはじめてコンサルタントは信用されるのです。

この話は、経営者にもそっくりそのまま当てはまると思います。経営者自らが環境整備で手を動かさないのに、経営理念や方針にどれだけ美辞麗句を並べても、社員の心には響きません。社員を金儲けの道具に思っているような経営者ほど、自分で動こうとしないものです。社員たちはきちんと見抜いています。

採点ポイント!

環境整備や朝礼を毎日行っていますか

年 月 日 /2点中

年 月 日 /2点中

年 月 日 /2点中

第2章

経営者がなかなかできていない14のこと

経営習慣 10

機会の追求に時間を費やせ

社長の仕事と社長の時間についてお話をしたいと思います。私は経営という仕事をこう定義しています。3つありまして、1つは「**会社を方向づけする**」。自分が経営する会社は何をやるか、何をやめるかを決めるのです。次に2つ目は「**会社が持つ資源の最適配分をする**」。限りあるヒト、モノ、カネを最適に配分することが求められ、経営者が私利私欲に走ったり、公私混同をしたりすることをしてはいけません。当たり前に聞こえますが、これがすごく大切なんです。そして3つ目は、「**人を動かす**」ことだと思っています。

社長の仕事は企業の方向づけ、資源の最適配分、人を動かすこと。当然、中小企業の場合は、こうした経営ばかりをやっているわけにはいかないかもしれません。しかしこの3つについては、部下は絶対にやってくれないし、できない仕事なんですね。ですから、経営者自身が企業の方向づけ、資源の最適配分、人を動かすということにどれだけ時間を使っているかということを、改めて考えないといけないわけです。

その際に自社の事業を定義しておく必要が出てきますが、1つヒントになると思ってお伝えしたいのは、私の好きな本である『ビジョナリー・カンパニー2 飛躍の法則』に書かれている一節です。先ほど申し上げた方向づけをするときに1つ注意することがあり、その『ビジョナリー・カンパニー2』には、事業を飛躍的に伸ばした会社が事業をどうやって定義しているかについて書かれているのです。

これには3つありまして、1つは世界一になることを目指す。中小企業の場合、事業を世界一にするのは大変かもしれないので、「**小さな日本一**」になれることをまずは探してみてはどうかと私はよくアドバイスしています。おのずと他社との差別化につながりますので、とても有効です。

2つ目はその目指す日本一が経営者自身や社員も含めて、全員が「わくわくする」ことかどうかということです。そして3つ目は、なおかつそれが「経済的原動力になる」かどうか。つまり、それが結果的に売り上げを伸ばして利益を出せるかどうかという視点ですね。

これら3つの重なるところを事業として定義していく。繰り返しますと、世界一ではなく小さな日本一でも構わないので1番になれること。働く人がわくわくすること。なおかつ経済的原動力になること。この3つを定義しながら方向づけをやっていくということが大事なのです。

ここで経営者の皆さんに振り返ってほしいのですが、1日の限られた時間をどんなことにどの程度使っているでしょうか。

私は経営者が働いているときに、3つの時間の使い方があると思っているんです。

①機会を追求している時間かどうか。
②現状の事業を維持するために使おうとしている時間かどうか。
③問題解決に時間を使っている時間かどうか。

言うまでもないことですけれども、多くの社員は現在の事業を現状維持するために時間を結構使っています。これはもう当たり前の話で、当面のキャッシュフローを生み出すために、しっかりやってもらわないと困ります。場合によってはクレーム対応のように、問題解決に時間を使っていることもあるでしょう。

ただし、**経営者に求められるのは機会の追求**です。新しい事業に取り組んだり、お客さまに新たな提案をしたりといったことに、自分は多くの時間を割けているかということに留意しないといけません。もちろんクレームには先頭に立って対応しなければなりませんが、最悪の場合、問題解決にばかり時間を取られている経営者がいるかもしれない。でもそれはマイナスの状態から普通の会社になるための時間ですから、言わば本来はかける必要がない時間です。会社が伸びていく要素にはなり得ません。

この考え方は会社全体で捉えても同じことが言えて、機会追求、現状維持、それから問題解決の3つそれぞれに、人員や他の資源をどんな割合で配置しているかということも、十分に検討していただきたいと思います。

採点ポイント

現状維持や問題解決ばかりに時間を費やしていませんか

年　月　日
/3点中

年　月　日
/3点中

年　月　日
/3点中

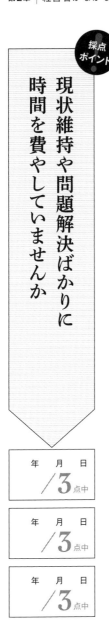

経営習慣

11

経営とは
正しい努力を積み重ねること

私は25年近く経営コンサルタントをしていまして、自分のことを経営者のコーチだと考えています。経営者が経営を成功させるためのお手伝いをするコーチということです。

経営者に限らず、誰でもが**成功するには正しい努力を積み重ねること**が、実はすごく大切です。「正しい努力」と「積み重ねる」。この2つが重要なキーワードです。

まず正しい努力についてお話ししましょう。例えばプロのサッカー選手になりたいと思っている人が毎日10時間卓球を必死に練習しても、Jリーガーにはなれませんね。それと同じで、経営者として成功したい人は経営者になるために必要な正しい努力をすることが大事になってきます。そこで経営コンサルタントの私は「経営者として成功するための、正しい努力とは何か」ということをアドバイスするのが仕事だと思っているのです。

では「積み重ねる」ことの方はどうかというと、これは経営者の皆さん自身しかできないことなんですね。ですから私が皆さんにできるのは、経営者として成功するための正しい努力とは何かということをお伝えすることに尽きます。

そのためにはまず、経営とは何かということを知っていただく必要があります。私は経営というのは、3つの要素から成り立っていると考えています。

3つというのは何かと言いますと、先にも述べたように、1つ目は企業の方向づけ。これは何をやるか、やめるかということです。2つ目は資源の最適配分で、資源というのは、ヒト、モノ、カネ、そして経営者の時間も重要な資源です。それらをいかに最適に配分できるかが問われます。3つ目は人を動かすということで、働いている人に喜んでもらえる、私はよくルンルン気分と言いますけれども、ルンルン気分で働いてもらえるかどうかということが大事です。

繰り返しますと3つ、企業の方向づけ、資源の最適配分、人を動かす。これを経営者の皆さんがいかにうまくやれるかということをコーチするのが、私の仕事なんです。

1つ目の方向づけについて、詳しくお話しします。経営とは「管理」だと勘違いしている人が、残念ながらかなりの数いらっしゃるのではないかと思います。もちろん管理も非常に重要なことなのですが、方向づけが正しい、何をやるか、やめるかということが正しくできて初めて管理が生きてきます。

ですから経営者にとってまず大事なことは、方向づけを間違わないということです。ただ、これは言うのは簡単ですが、やるのは実はすごく難しい。

方向づけをする一番の根幹になるのは、ミッションやビジョン、理念。正しいミッションやビジョン、理念をまずは持ち、それをベースに自社を取り巻く外部環境を適切に分析できるか。そして、さらに自社の内部環境。皆さんの会社が持っている人的資源や物的資源などの強みも分析して、方向づけをしていくのです。

外部環境については、私がよく経営者の方にお伝えするのは、新聞を読んでくださいということです。それも、一面のトップ記事を毎日丁寧に読むのです。多くの人は、自分の関心のあるところしか新聞を読みません。

けれども、**自分の関心を社会の関心に合わせる**ことが大事なので、皆さんも今日からで構いませんから、一面のトップ記事をしっかり読んでください。この習慣を1年、3年、5年と続けていると、世の中がどう動いているかということが分かるようになってきます（経営習慣18で詳しく説明します）。


経営において大事なことは、皆さんの会社を世の中の変化に合わせていくことです。「会社」という言葉は「社会」の反対です。社会の大きな流れに勝てる会社はありません。世の中が皆さんの会社に合わせるわけではありませんから。その大前提として、皆さん自身が世の中の動きを知る必要が出てきます。自分が興味を持っている、持っていないにかかわらず、新聞の第一面は時間をかけて丁寧に読む。それを毎日繰り返すことによって、世の中の変化や世の中そのものに対する感性は少しずつ高まっていきます。

そうすれば、先ほど申し上げた方向づけの前提ができます。ですから、私にだまされたと思って、新聞のトップ記事や大きな記事を読む習慣を続けてみてください。

採点ポイント!

経営とは管理することだと勘違いをしていませんか

年 月 日
/3点中

年 月 日
/3点中

年 月 日
/3点中

経営習慣 12

ライバルの実力を謙虚に見よ

経営する会社の方向づけについて、もう少し深掘りしてお話ししていきます。企業の方向づけ、つまり、何をやるか、やめるかという判断はどうすればきちんとできるでしょうか。

短期的にはお客さまが何を求めているのかを見いだすことになります。そして中長期的には、もっと大きな次元でどういう事業に進んでいくか、どういう事業をやめるかということにつながります。

お客さまが商品やサービスをお求めになる。そこには、少しマーケティング理論のお話になりますが、QPSという3つの判断基準が働いているわけです。**クオリティー、プライス、サービス**の頭文字、QとPとS。クオリティーはお分かりのように商品の品質、商品や製品そのものと言ってもいいでしょう。それからPのプライスは価格です。Sのサービスについて少し説明が必要ですけれども、「その他」を指すと思ってください。

これはどういうことかというと、例えば私が経営している小宮コンサルタンツはコンサルティング会社で、経営者の方々にコンサルティングや研修といったサービスを提供してお金をいただいています。このようにお金をいただくサービスはすべて、1つ目のクオリティーに入ると思ってもらいたいのです。例えば機械のメンテナンスサービスでお客さまからお金をいただいている会社などの場合も同様です。対価としてお金を受け取れるものは、すべてクオリティーに入るんです。3つ目の「サービス」には入りません。

では3つ目のサービスの「その他」は何なのかをご説明します。コンビニエンスストアが代表例ですが、お店が近いからそこで買うという方は大勢いらっしゃるでしょうし、あるいは知り合いが勤めているからという理由で商品を買う経験をされた方も珍しくないはずです。

しかしそのこと自体に対して、お金を払っているわけではありませんね。ですから人が商品やサービスを買うときは、クオリティーとプライスと、お金を払わないその他の要素の3つで、A社を選ぶか、それともB社を選ぶかという選択を必ずしているんです。

ここで1つ非常に大事なことがあります。お客さまがQとPとSについて、そしてそれらの組み合わせについて、絶対的な基準を持っているケースはほとんどありません。多くのお客さまは**相対的**に決めているんですね。つまり、皆さんの会社とライバル会社を同じ土俵に立たせて、QとPとSの組み合わせが自分にとって良いのはどちらの会社かということを比べながら、つまり相対的に選んでいるわけです。ですから、まずお客さまが求めるQとPとSの組み合わせを提供するためには、ライバルをきちんと見るということがすごく大事になってきます。

私たちは仕事で戦略分析や市場分析をしてお客さまにご説明する機会が頻繁にあるのですが、ライバル会社のQとPとSを分析してほしいと依頼してきたり、それらを自社できちんと分析していたりする会社は少ないです。さらには、お客さまが求めるQとPとSの組み合わせは、ライバル会社が提供するQとPとSの組み合わせが変わった瞬間に変化するのです。

例えば牛丼チェーン業界はとても競争が激しく、どこか1社が価格を下げるとライバル会社も即座に下げないといけません。お客さまが求めるQPSの組み合わせが変わるからです。しかもこれは牛丼チェーン業界だけではなく、例えばハンバーガー店が価格を下げた場合でも、牛丼チェーン業界に求められるQPSの組み合わせは変わってしまいます。

こうしたときに大事なことは、ライバルを正確に見るということ。皆さんは「ライバルは大したことない」とか、逆に「ライバルがすご過ぎて勝てない」と決めつけてはいないでしょうか。1と0の間には、0・33もあれば0・75もあるんです。だから0・33は、0・33、0・75は0・75と正確に見ることが大事。安易に0や1に割り切ってしまってはいけません。

そのためには、自社の業界のことを詳しく知っておく必要があります。そしてさらに大事なのは素直に見ることです。偏見を持たずに素直に見ることができるかどうかが重要で、どんな場合でもライバル会社や自社を**素直に、謙虚に、正確に、客観的に見る**習慣を持ってください。

採点ポイント

市場の変化や他社の競争力を絶えず分析していますか

年　月　日
／3点中

年　月　日
／3点中

年　月　日
／3点中

経営習慣

13

先頭に立つ覚悟、責任を取る覚悟

「人を動かす」ことについて考えてみたいと思います。これは何をやるか、やめるかという「方向づけ」、「資源の最適配分」に並ぶ経営の重要要素だということは皆さんも簡単にお分かりになることです。

経営者の一部の人は、人は理屈で動くと思っているのではないでしょうか。けれども、人は理屈では動かないと思ったほうがいいというのが私の持論です。そんな理屈があるなら、その理屈でまず自分を思うように動かしてみればいいでしょう。

そこで経営者の方によく私がお伝えするのが、人を動かすためには2つの覚悟が必要だというお話です。繰り返しますが、理屈ではないのです。

1つ目は「先頭に立って行動する」という覚悟です。戦前の海軍兵学校では、「**指揮官先頭**」と言われ、指揮官たるべきものは先頭に立って行動することが厳しく求められました。経営者の皆さんに「部下がやることをすべてやれ」と言っているわけではありません。それなら、そもそも部下はいらなくなりますからね。そうではなくて、重要な方針や危機の対応に関わる重要なことほど、経営者が先頭に立って行動する姿勢が必要だということです。

皆さんの中には、「自分は頭がいいのに、なぜか部下がついてこない」と悩んでいる人がいるかもしれません。それは恐らく、**リーダーではなくティーチャーの役割をしている**ことが原因ではないでしょうか。

例えば私は経営のアドバイスをしたり講演したりするときは、相手に面と向かって「ああすればどうですか」「こうすればどうですか」とお伝えしています。それはティーチャーの仕事です。ところがそんな私も自分が経営する会社に戻れば、十数人の社員を部下に持つリーダーです。スタンスは180度変わって、先頭に立って行動するようにしています。

「リーダーは背中を見せる」とよく言われますが、そもそも先頭に立てば背中を見せることしかできないんですね。口先ばかりのティーチャーの役割をずっとしてきた人は、社員たちに背中を見せることがなかったと言えます。そうした口を動かすだけの経営者は、社員たちの目にどう映っているでしょうか。「さあ頑張れ」と言ったところで、「あなたこそ頑張れよ」と思われているのではないでしょうか。

海軍の連合艦隊司令長官だった山本五十六の有名な言葉に、「やってみせ、言って聞かせて、させてみて、誉めてやらねば人は動かじ」というのがあります。ここで経営者の皆さんに注目してほしいポイントは、出だしの「やってみせ」なんですね。人を動かすことができないリーダー、つまりティーチャーばかりしている人は、いきなり「言って聞かせて」から入ってしまっている。だから人は動かないのです。ですから、経営者はまず自分が先頭に立って行動する覚悟が必要だと思うのです。

2つ目の覚悟は責任を取るという覚悟。経営者は自分の責任範囲で起こっていることについて、すべての責任を負うという強い決意です。経営コンサルタントの大先輩である故・一倉定《さだむ》先生は、「リーダーとして成功したければ、電信柱が高いのも、郵便ポストが赤いのも、全部自分のせいだと思え」というふうに言っておられました。

電信柱が高いのは電力会社によるものですし、郵便ポストが赤いのは日本郵政の判断でしょう。そこまで責任を取るのは無理でも、ここで大事なことは責任を取る覚悟、もっと言うと自分の責任範囲で起こったことに関してはすべて責任を負う覚悟を普段から持っておく必要があるという厳しい戒めだと思うのです。

普段からと申し上げたのは、1つ目の覚悟である「先頭に立つこと」にも共通するのですが、責任を取ることが普段からできていないと、いざとなったときにもできないのです。いざとなったらどうにかなるのではないかと思っている方がいらっしゃるかもしれませんが、それは難しいです。

皆さんは自動車を運転していて危ないと思ったら、とっさに足をアクセルペダルから離してブレーキペダルを踏むでしょう。しかしそのとき、きっと何も考えてないはずです。「危ないから足を動かさないといけない」なんて考えていたら、事故を起こしてしまいます。

これが習慣のなせるわざで、**無意識のうちに体が動く状態になっていること**がとても大事です。人を動かす2つの覚悟、つまり先頭に立つこと、責任を取ることを

採点ポイント！

先頭に立って動くことと責任を取ることができていますか

年　月　日
／3点中

年　月　日
／3点中

年　月　日
／3点中

普段からやっていないと、いざというときにはできません。ですから皆さん、普段から先頭に立って行動してください。繰り返しになりますが、何でもやれと言っているわけではありませんが、まずやることです。

先頭に立つ。それから責任を取る。クレーム対応のような日常のことでも積極的に取り組んでください。いざというときには何も考えずに体や心が動くはずです。

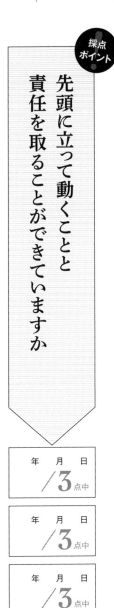

経営習慣 14

正しい考え方を身につける

私がいつも大切にしていることは考え方です。

京セラ創業者の稲盛和夫さんが「人が成功するのは3つの要素の掛け算だ」とおっしゃっているのを皆さんはご存じでしょうか。**成功は「考え方×熱意×能力」という方程式で決まる**とのことです。稲盛さんは興味深いことをおっしゃっていて、熱意と能力は0点から100点までだけれども、考え方はマイナス100点からプラス100点まであると。

仕事をしていく上で能力が必要なのは当然ですね。例えば私のような経営コンサルタントが「貸借対照表って何ですか？」などと言っていたら仕事になりません。熱意だってもちろん必要です。気をつけなければいけないのは考え方で、これはマイナス100点からプラス100点までありますから、熱意や能力がどんなにあっても考え方が間違っていると、大きなマイナス点になってしまいます。だから私は正しい考え方を身につけることをとても大事にしているのです。

こういうお話をすると、「小宮さん、何を基準にして正しい考え方と言っているのですか」とよく質問されます。私が経営者の皆さんに常々お勧めしているのが、『論語』や『老子』、さらには仏教書のように何千年もの間、多くの人が正しいと認めてきたものをまず勉強することです。こうした2500年近く語り継がれてきたものを経営者がバックボーンとして身につけるのはとても大事なこと。そして、これらが成功のための原動力だということを多くの人が知らないのは、とても残念なことです。東洋哲学の大家の安岡正篤《まさひろ》先生が書かれた『論語の活学』のように、内容をかみ砕いたものもいいでしょう。私も『論語』はとても好きで、いい解説本がたくさん出ています。

古典は難しいと感じる方は、松下幸之助さんの『道をひらく』や稲盛さんの『生き方』から入るのもいいと思います。『道をひらく』は短い文章が見開きで120ほど載っていて、私も自宅にいるときは寝る前に2つか3つを必ず読むようにしています。この習慣は25年以上続けているので100回以上は読んでいると思います。私は経営コンサルタントをやっているのでお客さまにアドバイスしたり、お話ししたり、本を書いたりする中で、松下さんだったらどうお考えになるかなということを、常に自分のベースにしたいと思って始めたのがきっかけです。

松下さんも考え方をとても大事にされていて、たくさんの本を出していらっしゃる。例えば当たり前のことをすれば必ず成功するということをおっしゃっていて、具体的には良いものを生産し、多くの人たちに満足されるような安価で販売すれば、商売は繁盛する。人情の機微に則した商売のやり方をすれば、お客さんが大勢やってきてくれる。ごくごく当たり前のことをすれば、商売とか経営というものは必ず成功するようになっているんだとおっしゃっているのですね。自然の理法といいますか、そういうものに従って経営することがとても大切だと言います。

皆さんも自分のバックボーンになる本をぜひ見つけてください。そしてそれを何度も何度も読み込む。そして結果が出るまで実践する。そうしないと本物にはなりません。

本物とは「読んで分かった」というだけではなく、なおかつそれが自分の信念となって行動に移る状態です。そして結果が出ないと本物じゃないと思います。自分では分かったと思っても、実はそれは分かったつもりであって、自分の都合のいいように解釈していることがよくあります。行動に移して結果が出るまで、本を読みながらやり続けることがとても大事なのです。


多くの会社で、社員のモチベーションをどうすれば高められるかということについて悩んでいることと思います。私はその方法も自然の理法に則してやれば、まず間違いはないのではないかと考えています。**社員さんのモチベーションを高める努力をしようとするよりは、働きがいを高めようとするほうがいい**と思うのです。

皆さんも本当に好きなことをやっているときは、モチベーションを高めてからやろうとは考えませんよね。順番が逆で、やっているうちにモチベーションが自然にどんどん上がっていく。仕事もそれと同じだと思います。

良いものを生産して安価で販売すれば、多くの人たちに喜ばれて商売は繁盛するはずで、働きがいが高まっていくでしょう。ですから、そういうことを社員たちが常に考えるようにすれば仕事が楽しくなっていって、働きがいが生まれてくるはずです。そのためには、先に説明した「良い仕事」(覚えていますか?)に集中することが大切なのです。

採点ポイント!

正しい考え方を身につける努力をしていますか

年　月　日
／3点中

年　月　日
／3点中

年　月　日
／3点中

経営習慣15

良かったときも悪かったときも、反省する

論語について深掘りしてお話ししようと思います。論語は2500年もの間、多くの人が正しいと言ってきたものです。私も正しいと思っています。論語は儒教の考え方を端的に表しているもので、その中でも私が大切にしている言葉がいくつかあるのでご紹介します。

1つは孔子の弟子で曾参《そうしん》という人がいて、論語の中では曾子《そうし》と呼ばれている人の「吾、日に三たび吾が身を省みる」という言葉です。自分で自分の身を毎日3回振り返るんだと言っているのですね。自分を省みることがとても重要だと。

コンサルタントとしてたくさんの経営者を見てきた経験から、成功している人には共通点があると思っています。1つは何事に対しても前向きな姿勢の持ち主であること。やはり前向きでないといろいろなことにチャレンジしませんから、経営者としてとても大事です。それからもう1つは利他心。自分だけではなくて、他の人も良くしようという気持ちを持っているということも重要です。

そしてもう1つの共通点が反省するということではないかと思います。経営がうまくいかない経営者、会社を潰してしまった経営者は大抵独善的なんですね。

この本をお読みになっている経営者の方の中には、イケイケドンドンの人もいらっしゃるのではないかと思います。もちろんその姿勢で今までも今後も、売り上げを伸ばして高い利益率を実現していれば何の問題もありません。けれども実際にはイケイケドンドンで前向きに取り組み、周りの人のことも思いやっているのに、なぜか業績が悪いという方が結構いらっしゃるわけです。

その場合は、やはり反省することがとても大切です。同じ失敗を二度とやらない。あるいは失敗していないまでも、売り上げが落ちてしまった、利益率が下がってしまったという場合に、自分や自社には何が足りないのかと考える。人のせいにしていては、うまくいきません。

松下幸之助さんもおっしゃっているのですが、うまくいったときは「自分は運が良かった」と思ってください。反対に失敗したときは、「自分のどこが足りなかったのか」を真剣に考えるのです。ポジティブなのはいいことですし、前へ、前へと進んでいくのもとても良いことです。ただ、**良いときも含めて必ず反省する**ことを忘れてはいけません。経営者の皆さんには「どうしてダメだったのか」「より良くするには、どうすればいいか」を繰り返し考えてほしいのです。

一代で1万人を雇う一部上場会社を作った社長と、あるとき、二人で食事に行ったことがありました。その席で私が「反省は大事ですよね」とお話を振ったら、驚いたことにその社長は「小宮さん、違うよ」とおっしゃるんです。その後、どんな言葉が続いたと思いますか。社長曰く、「反省では足りない。自己否定だ」と。私は結構なショックでしたね。

でも自分に対して「今の自分ではダメなんだ」と厳しく律する姿勢だからこそ、自分の会社をここまで成長させたのだと納得しました。「好調だから、今後もこれでいいだろう」という気持ちでは到底無理だと思います。

論語の「晏平仲《あんぺいちゅう》、善く人と交わる。久しくして人之を敬す」という言葉も私は好きです。晏平仲というのは孔子の時代の小さな国の宰相でして、人とよくつき合った。「久しくして人之を敬す」というのは、人は長くつき合うほど晏平仲を尊敬したという意味です。

そのために大切なことは2つあって、1つはぶれないということです。言っていることがコロコロ変わると、尊敬されることはあり得ません。もう1つは進歩するということです。何も変わらなくても人はつき合うでしょうが、尊敬され続けることはないでしょう。ぶれずに、そして日々新たな進歩を目指すことがとても大事だと私は考えています。

採点ポイント！

「自分のおかげ」と過信していませんか
うまくいったとき、

年 月 日
/3点中

年 月 日
/3点中

年 月 日
/3点中

経営習慣16

情報を知恵に変える

知恵はどうすれば生むことができるでしょうか。ドラッカーは「**20世紀は資本の時代、21世紀は知恵の時代になる**」と予見していました。私もまさしくその通りだと思います。

20世紀がなぜ資本の時代だったかというと、インフラが十分整っていなかったからです。しかもインフラは戦争により破壊される時代でもありました。インフラを作る人、例えば鉄道や通信設備、あるいはそれらの元を作り出す鉄鋼業などの産業を推し進める人が大金を稼いだと言えるでしょう。

ですから、当時世界有数の金持ちになった人、例えば鉄道業ならばコーネリアス・ヴァンダービルト、鉄鋼業だとアンドリュー・カーネギーといった人は、まず家業に近い産業である程度のお金を貯めて、それを鉄道や製鉄所などに投資することでビジネスを大きく広げて大金持ちになっていったわけです。

では、21世紀はどうでしょう。先ほど21世紀は知恵の時代だと申し上げましたが、皆さんは世界一の金持ちが誰かをご存じでしょうか。

候補が数人上がりますが、その内の一人はビル・ゲイツですね。ビル・ゲイツは米国のスタンフォード大学時代に、友人と家のガレージで始めたソフトウエアを作るビジネスをきっかけにして、世界有数の金持ちになりました。あるいはフェイスブックを創業したマーク・ザッカーバーグも、ハーバード大学の寮で考えたアイデアを基にして超がつくお金持ちになりました。さらにはグーグルの創業者たちもそうでしょう。

皆さんはここでお気づきになるのではないでしょうか。彼らが世界有数の金持ちになる過程において、資本というものは介在していません。20世紀は資本がないとお金持ちになることはできませんでした。まさにドラッカーが予見した知恵の時代がやってきているということです。

例えば皆さんの会社が社員を何万人も抱える大企業ではなくても、知恵の出る人が何人かいる、場合によっては1人いれば大企業にも勝てる時代だという認識を持ってください。ではどうすれば、その知恵を出せるか。

インターネットができて世界中に情報はあふれています。この情報を知恵に変えることが重要で、そのためには3つのポイントを押さえることが大事だと思っています。情報を持っているだけでは何の意味もなく、情報を使える経営者にならないといけません。


まず1つは、少し矛盾していると感じるかもしれませんけれども、「**基本的な情報**」を持ってはじめて情報を解釈できるということです。例えば安倍晋三内閣のいわゆるアベノミクスはかつて名目国内総生産（GDP）を2020年までに600兆円にすると表明しましたが、発表した15年の時点でGDPがいくらかを知らないと客観的な評価はできません。

しかし500兆円（旧基準）だと知っていれば600兆円との差の100兆円分、20％伸ばす必要があると分かるわけです。さらに1990年代初頭から2015年までGDPがほとんど伸びていないことを知っていれば、2020年までに

600兆円にするというのはかなり難しいということも分かるようになる。つまり基本的な情報がなかったら、情報そのものを分析できないのです。

2つ目のポイントは、「**基礎的な知識**」が必要ということです。1つ目の基本的な情報と何が違うかというと、この基礎的な知識は1回きちんと勉強すれば、身につけたものは一生ものになることなんです。例えば国内総生産（GDP）などの経済の基本的な定義や、会計の知識などがこれに該当します。

これに対して1つ目の基本的な情報は毎日の新聞を読んだり、世間の動きを知ったりして得られるものですから、時間の経過とともに陳腐化していきます。つまり、コンスタントにインプットし続ける必要があります。

そして3つ目は「**思考力**」、考える力です。日頃から深く考える習慣を持つことが重要で、そのためには難しい本に挑戦して内容を深く理解できるレベルまで読みこなすことなどが有効です。

採点ポイント

基本的な情報と基礎的な知識を押さえられていますか

年　月　日
／3点中

年　月　日
／3点中

年　月　日
／3点中

1つ目の基本的な情報と、2つ目の基礎的な知識。これらに思考力を足して、情報を知恵に変えていくということが必要です。そうすれば、少しの情報からでもその背景にある世の中の動きや本質を読み解けるようになります。

経営習慣 17

できることはすべてやれ。やるなら最善を尽くせ

数年前に『そろそろ、何かしなくちゃ。』という変わったタイトルの本を書く機会がありました。スティーブ・ジョブズや長嶋茂雄、高倉健、さらにはドラえもんまで、偉人や架空のキャラクターなどの言葉を100集めて解説したものです。2500年近くも昔から正しいと考えられてきた古典から学べることは実に多いですが、我々と同じ時代に生きる成功者などから学べることも同じくらい多いのではないかという思いを強くしました。

例えば、ケンタッキーフライドチキンのフランチャイズ（FC）ビジネスを世界で展開したカーネル・サンダースの言葉。皆さんはサンダースがこの事業を65歳から始めたことをご存じでしょうか。フライドチキンのつくり方を教える代わりに、売れた数に応じてロイヤリティーを受け取る契約をレストランに持ちかけるのですが、1000軒回っても断られたそうです。

しかしサンダースは諦めずに営業を続けるほどの信念の持ち主でした。彼は「私は2つのルールをただ守ってきただけだ。『**できることはすべてやれ**』『**やるなら最善**

を尽くせ』。これが何かを達成するための唯一の方法だ」と語っています。

事を成し遂げる人はやり残しがない、思っていることはすべてやり切ります。そしてサンダースも言葉通り、やる以上は最善を尽くしている。逆の言い方をすると、中途半端なことをやっていたら、勝てる勝負にも勝てないのではないでしょうか。皆さんもやると決めたら徹底的にやるという姿勢で取り組んでいただきたいのです。

ビートルズのジョン・レノンは「根本的な才能とは、自分に何かができると信じることだ」という言葉を残しています。皆さんは、自分自身を信じることができるでしょうか。人が成功するためには、常に前向きであることが求められます。もちろん能力や努力も成功のために必要な要素ですが、まず何よりも前向きに生きているかどうかということがとても大事ではないでしょうか。ジョン・レノンは「**どんな人だって成功できる。自分にそう何度も言い聞かせ続けていれば、絶対に成功できる**」とも言っています。

事を成し遂げた人は前向きで、自分だけ良ければいいというのではなく、利他心を大事にしています。なおかつ反省する姿勢を持っている。さらに言えばプロフェッショナルとしての自覚を持っていて、それについて自分自身に非常に高いプレッシャーをかけてプロとして高いレベルを維持しようとしていると感じます。

バスケットボールのスーパースター、マイケル・ジョーダンは「**自分に高い期待をして初めて物事は可能になる**」と考えていたそうです。低いレベルで満足するのではなく、自分に期待して高いところを目指すことが経営者としてとても大事なのです。

採点ポイント！

やると決めたら徹底的に取り組んでいますか

年　月　日
／3点中

年　月　日
／3点中

年　月　日
／3点中

経営習慣18

自分の関心を世間の関心に合わせる

現代は変化が当たり前の時代です。コロナショックが直撃している今も、皆さんはまさに変化のまっただ中にいるわけです。コロナショック後はさらに大きな変化を迎える可能性は高いでしょう。けれども経営者がやるべきことは、いつの時代のどんな状況でも同じです。**マーケティングとイノベーション**を絶えず実現させていく必要があります。

イノベーションとは変革です。皆さんの会社の商品やサービスのあり方を大きく変える。それどころか、流通のさせ方、例えばこれまでやっていなかったネット通販を始めることもイノベーションと言えます。経営とは、製造方法、人事の仕組みなども含めて、すべての面でイノベーションを起こし続け、新しい価値を創造することなのです。

イノベーションを起こすために、経営者は必要な能力を高めていく必要があります。経営者が取り得る有効な方法は、新聞を読むことです。ビジネスの世界で経営しているのですから、「日本経済新聞」を読むことは必須だと思います。

先にも話しましたが、日経を読むにはちょっとしたコツがあって、私は経営者の方にいつもお願いしているのですが、一面のトップ記事を必ず読んでほしいのです。なぜかというと、皆さんお分かりのように、その日の新聞のすべての記事で最も大事なことが一面のトップ記事に載ります。ですから言い方を変えると、**皆さんの関心を世間の関心に合わせる訓練**なのです。

どうしても忙しくてトップ記事を読む時間もない朝は、せめて見出しのすぐそばにあるリード文だけでも読んでください。トップ記事には、本文の要旨を4、5行でまとめたリード文が大抵付いています。もしも一面のトップ記事にリード文が付いていない場合は、本文の最初から3段落程度を読めば全体像がつかめるはずです。

見出しにすら目を通さない人はいないでしょうが、ただそれで終えてしまうのか、一面のトップ記事の全体を丁寧に読んだり、少なくとも数行のリード文や2、3段落には目を通すのかで、得るものは大きく違ってきます。こうして私が申し上げているることは、トップ記事全体に目を通す習慣を2、3カ月続けていると実感できると思います。

このリード文は一面のトップ記事だけではなく、紙面をめくっていくと毎日、大きな記事10個程度に付いていると思います。金融面の日銀の話であろうが、国際面の宗教紛争の話であろうが、このリード文だけでも読む習慣を続けてみてください。7-ELEVEnの最後の「n」が小文字なのに多くの人が気づかないように、関心のないものは視界に入ってきません。しかし多様な記事に触れると、関心の幅が知らない間に広がっていき、さまざまなことが目に入ってくるようになります。

採点ポイント!

毎朝、一面のトップ記事を必ず読んでいますか

年　月　日
／2点中

年　月　日
／2点中

年　月　日
／2点中

経営習慣19

耳当たりが良い話を警戒する

皆さんは経営者としていろいろな人とおつき合いをされていると思いますが、好ましからざる人物に取り込まれる危険性について考えたことはあるでしょうか。目の前の人物をどうやって見抜くか。これも経営者のあり方が問われることだと思います。私が好きな『論語』の言葉を借りながら、考えをお伝えします。

「巧言令色鮮《すくな》し仁。剛毅木訥《ぼくとつ》仁に近し」という言葉を耳にしたことはないでしょうか。巧言令色というのは、巧みに言葉を使う、あるいはうやうやしく言葉を使うという意味で、皆さんのような経営者に言葉巧みに寄ってくる人はたくさんいると思いますが、そういった人は仁、つまり思いやりや愛情に欠けると孔子は言っているわけです。むしろ木訥、飾り気がない話し方をする人のほうが仁に近いと。

孔子がどうしてこう考えているのかを私なりに解釈すると、飾り気なく、とつとつとしゃべる人は人に取り入ろうとする気持ちが少ないからだと考えています。心にもないような、ちやほやする言葉を駆使して話す人がいますが、そういう人はやはり気をつけたほうがいい。誰だって人間ですから、ちやほやされるとやはり気持ちが良くなるんですね。そこにつけ込んで取り入ってくる人が世の中にはいるということです。

『論語』からもう1つ紹介すると、これはあまり有名ではないのですが、「郷原《きょうげん》は徳の賊なり」という言葉があります。郷原は田舎の好人物を指します。つまり田舎の好人物というのは徳の賊、徳というのは人徳ですから、自分の人徳をなくすという意味になります。田舎に住んでいる人がいい、悪いという問題ではありません。「狭い世界でみんなと仲良くしようとすると差し障りのない話しかしなくなる。だから、自分にとって良くない」と孔子が指摘しているわけです。

先ほどの巧言令色にも同じことが言えますが、自分の周りの人が耳当たりのいい話しか言わない状況になると、本質を見ることが難しくなるのです。もっと分かりやすく言えば、**ちやほやされると正しい判断ができなくなってしまう**。私自身もそれが怖いから、親しいお客さまには「先生と呼ばないでほしい」とお願いをしています。

念のためにお伝えしておくと、人を見極めること自体はもちろん重要ですが、それ以前に自分の居心地が良い状況、ちやほやされるような状況をつくらないことが経営者にとって大事だと思います。

採点ポイント

「社長」とおだてられていい気になっていませんか

年　月　日
／2点中

年　月　日
／2点中

年　月　日
／2点中

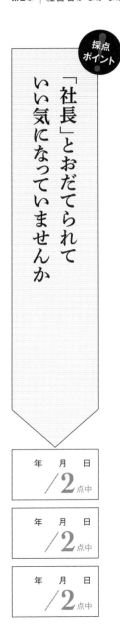

経営習慣20

「幸せ」と「成功」の違いを認識する

「幸せ」と「成功」についてお話をしたいと思います。私は講演で聴衆の方に「**幸せと成功の違い**が分かりますか」と質問することがよくあります。人によって考え方はそれぞれでしょうが、私は幸せというのは「自分で決めること」だと思っています。だから、どんな境遇であっても本人が自分は幸せだと思っていれば、それは幸せなんです。

一方、成功というのは「第三者が決めること」だと考えています。自分は成功していると思っていても、周りの人が「あなたはすごいね、成功したね」と言ってくれない場合は成功とは言えません。

そうした意味において、経営者はもちろんやれることには限界がありますけれども、成功して幸せになることが大事です。どうして成功しないといけないかというと、周りがすごいねと言ってくれるということは、皆さんが人から評価されているからであり、人に喜ばれている、人に貢献している。それはとても大事なことで、それを自分の幸せとして感じられれば最高です。

成功について、違う側面からお話しします。

私は年末年始にやる習慣があります。これまでの1年を振り返って「自分の10大ニュース」を書き出すことを、ここ4、5年、毎年続けています。皆さんにもそれぞれ10大ニュースがあると思います。これまでできなかった仕事ができたとか、お子さんやお孫さんが生まれたとか、今までなら会えなかったような人に会えた、行ったことがない場所に行けたなどといったことです。

10大ニュースを考えながら1年を振り返ることとは、実は成功ということと関係があります。自分の人生のステージが上がっているかどうかを確認するのです。

もちろん皆さんは毎日一生懸命働いておられ、それはとても大事なことです。ただ一生懸命働くというのは、少々厳しく感じるかもしれませんが、人生がうまくいくための必要条件だと思うのです。そこに十分条件として人から評価されたり、喜ばれたりといったことが必要だと私は思っていて、それが成功に当たるんですね。思い浮かべた10大ニュースの一つ一つをこの視点で確認して、人生のステージが少しでも上がっていることを確認することが大切ではないかと思っています。

私の場合、ある年、外国の会社からの依頼を受けて現地で講演したり、NHKの連続テレビ小説で描かれる経済環境の検証を一部担当しました。そうした今までと違う仕事をいただけるというのは、私にとっては自分の人生のステージが上がったのかなと思います。

皆さんも年末年始にこれまでの1年を振り返って、自分の10大ニュースを書き出してみてはいかがでしょうか。

採点ポイント!

多くの関係者に貢献し、「すごいね」と言われる成功を追求していますか

年　月　日　／2点中

年　月　日　／2点中

年　月　日　／2点中

経営習慣21

ゴールイメージを明確に持つ

目標は精いっぱい頑張って達成できるくらいのレベルに設定するというのが私の考え方です。その前提に立って、目標の中身をどういった方向で決めていけばいいかということについて、考えてみましょう。

知り合いの弁護士さんと話をしていて、とても気づきのあることを教えてもらったことがあります。この弁護士さんはスタッフを40人ぐらい抱えている大きな弁護士事務所の創業経営者で、とても優秀な人です。この方は自分の事務所の弁護士たちに時折、「あなたはどういう弁護士になりたいのですか」と質問をしていると言います。

そう聞かれると多くの人は、「社会の役に立ちたい」「大きな訴訟で勝ちたい」と答えるそうです。ところが「それでは十分ではない」と考えるこの弁護士さんは、さらに質問を投げかけます。「もちろん、社会に役立ちたいとか大きな訴訟で勝ちたいと考えることは結構なんだけれど、いつか現役を引退するときに、自分がどういう実績を挙げているかを具体的に考えてください」と。
例えば、顧問や社外取締役を請け負っている大企業が何社あるとか、出版社から本を何冊も出しているとか、そういう具体的な状況をきちんとイメージできているかどうかがとても大事なんだそうです。確かにその通りだと思った私はそれを聞いて、自分が経営しているコンサルティング会社で一緒に働いている十人ほどのコンサルタントにもこの話を聞かせたほどです。

この弁護士さんの考えには恐らくもう1つ大事なことがあって、有言実行することだと思います。目標を具体的に持っていれば頭の中で考えていてもいいという考え方もあるとは思いますが、こういう自分になりたいという具体的な目標を周りの人に言うのでもいいし、ホームページやブログで公表するのでも構わないのですが、やはり外部に発信したほうがいいと思います。

具体的な目標を考えるときは、社会からどういう評価を得ているか、得たいかという視点も意識したほうがいいでしょう。自分なりに目標を設定することはもちろん悪いことではありませんが、社会から評価される目標、分かりやすく言えば**周りの人からすごいねと言ってもらえるような目標**を持ってみてはいかがでしょうか。

そして最後に1つ。目標に向かって努力することはとても大事ですが、毎日コツコツと努力したらその先に何かがあるんじゃないかといった漠然とした努力の仕方はいけません。もっと具体的に**いつまでにどういう状況になりたいか**を考えた上で、そこから逆算して必要な努力をすることが重要です。

採点ポイント!

将来、経営者を引退するときの自分の実績を具体的にイメージしていますか

年　月　日　/3点中

年　月　日　/3点中

年　月　日　/3点中

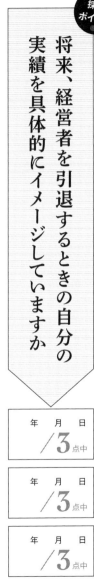

経営習慣

22

素直であれ

松下幸之助さんは「人が成功するために、1つだけ資質が必要だとすると、それは素直さだ」とおっしゃっています。『素直な心になるために』という本を出していらっしゃるほどです。

素直な気持ちで相手をあるがままに見ているかどうか。これはとても大切なことです。頑固な人はこれがうまくいきません。打席に立つたびに三振ばかりしているなら打ち方を変えればいいと思うのですが、それまでの打ち方にこだわります。

素直な気持ちを持っていないと、人の話を聞けなくなります。つまり、他人の知恵を活かすことはできません。世の中は非常に複雑です。この本を手に取っていらっしゃるくらいだから、皆さんが勉強熱心であることは間違いないと思いますが、それでも自分一人で考えられること、解決できることには限界があります。だからこそ、いろいろな人の話を聞いて、その知恵を自分の仕事に生かすことがとても大事になってきます。お客さまや先輩経営者から教わる。部下からも教わる。そして前向きに対応する。素直に謙虚でいるとは、そういうことです。

この話を聞いてもご自身のことを素直だと評価しているかもしれませんので、念のために確認させてください。皆さんは**社員がお話ししているときにメモを取っているでしょうか**。私はこんなことをお話ししていながら、創業して二十数年の経営者人生のうち最初の6年間は部下の話を聞きながらメモを取っていませんでした。改めるようになったのは、ある方に「小宮さん、部下の話をメモしていますか」と聞かれてから。行動が伴っていないと、誰もついてこないなと気づかされました。

長い間、経営者としてやっていると、どこへ行っても「社長、社長」とちやほやされて、知らず知らずのうちに、視点が高くなってしまいます。しかも、少し儲かるようになったら、態度はますます大きくなる。だってお金さえあれば、レストランやホテル、どこへ行っても「○○様」とうやうやしく接客してもらえるのですから。

そんな謙虚さを失った経営者が顎を上げて、肩で風を切って歩いています。けれどもそうした態度で会社を潰した人を、私は何人も知っています。

謙虚さとは、大きい態度の反対です。地方では、中小企業の経営者としてある程度うまくいったら、商工会議所などの会合へ行っても地元の名士扱いされるでしょう。でもそんなときこそ、「**実るほど頭を垂れる稲穂かな**」「**アンテナは高く、腰は低く**」という言葉を思い出してほしいのです。

「アンテナは高く、腰は低く」は私の好きな言葉です。「アンテナを高くして、腰は低くしておきなさい」と解釈できますが、私は「腰を低くしておかないと、アンテナは高くならない」という違う理解の仕方をしています。

松下幸之助さんは、時々、自分の心を自分の体から取り出して客観的に見なさいと言っていました。私なりに表現し直すと、皆さんは**自分のことを笑えますか**。これができることは結構大事なことだと思っています。自分に入り込んでしまっている人は、自分を笑えません。

かくいう私も60歳を過ぎた今でも、やはり自分なりにバカなことをやってしまっています。皆さんの中にも同じような方がいらっしゃるかもしれません。でも、自分は何てバカなんだろうと笑える人は、自分を客観的に見られていますから強いし、自分を変えることができるんです。でも、うまくいかない人は入り込んでいるので、自分で自分を笑えません。

私も人間なので、自分の言っていることが100パーセント正しいかどうかは分かりません。しかしいろいろな人の考えをいったん受け入れて、それを咀嚼して、ダメだったら吐き出すぐらいの気持ちでいないとうまくいかないと思っています。

安岡正篤先生という、40年ほど前に亡くなられた東洋哲学の大家がいらっしゃいます。歴代の首相は判断に困ったら必ず聞きに行っていたような方で、今でも安岡先生のお弟子さんたちが集まる「木鶏会」という全国組織があります。そんな安岡先生は「相手の話の聞き方を見ていれば、その人物の『練れ具合』が分かる」とおっしゃっています。人の話を聞くことはそれほど難しいんですね。

人が話してくれなくなるのも、素直ではないことが抱えるリスクです。聞く耳を持たない人に話しても仕方がないと思われるのは当然です。最終的には、何かが起きても助けてもらえなくなります。

自分は素直か、自分は謙虚か。真剣に省みる必要性をご理解いただけたでしょうか。松下幸之助さんは、朝起きたら必ず神棚に向かって、「今日一日、素直であれますように」とお祈りしていたそうです。寝る前には、「今日一日、素直だったか」と反省もしていた。

「素直であること」。これは経営者として本当に大事な姿勢です。

素直じゃない人はここまで読んでも、まだあれこれ反論したくなるかもしれません。私は松下幸之助さんの本を読み続け、その研究もしています。松下さんに関する本を2冊書きました。

ある会場で松下さんについての講演を終えたら、私のところに話に来る人がいました。聞けば会社を経営しているといい、「いや、松下さんなんて」と批判してこられた。下請けをいじめてとかなんとかおっしゃってね。

それが事実かどうかは私は知りませんが、「あなたの会社は年間いくらの売り上げがあるのですか。せめて800億円くらいは売っている上で、そうおっしゃるのですか」と聞き返しました。この800億円というのは、パナソニックの当時の売り上げの1%に相当する金額です。

もちろん、800億円あれば批判できるということではありません。世の中に完璧な人間などいないでしょう。ただ、人のいいところを見習う姿勢がなければ向上しないのは確かです。批判するだけなら、誰でもできます。私が好きな経営コンサルタントの一倉定先生も「**評論家社長が会社をつぶす**」という名言を残されています。これは本当にその通りだと思います。

採点ポイント

部下の話を聞く際、メモを取っていますか

年　月　日
／2点中

年　月　日
／2点中

年　月　日
／2点中

経営習慣 23

他人事を我が事のように考えられるか

皆さんは他人の事、社員の事でも自分事として考えられるでしょうか。

私は今の会社を創業する以前に銀行員をしていて、その後、創業間もない岡本アソシエイツという小さな会社に2年半ぐらい勤めました。創業者の岡本行夫さんは大変残念ながら今年お亡くなりになったのですが、銀行員時代に飛行機の中で知り合ったご縁での転職でした。

岡本さんはもともと外務省の役人をしていて、岡本アソシエイツというコンサルタント会社をつくり、首相補佐官を2回されました。その後、米マサチューセッツ工科大学のシニアフェローだったほか、当社の顧問もお願いしていました。

岡本さんは将来を嘱望されていた外交官だったこともあって、起業したときはたくさんの人が応援してくれました。経済界で一番応援してくれたのが、お亡くなりになられていますがソニー創業者の盛田昭夫さんでした。当時の岡本さんは40代半ば、30代前半の私は岡本さんのかばん持ちとして、当時、東京・五反田にあったソニー本社の会長室にもよくご一緒しました。

盛田さんは70歳を過ぎておられましたが、本当に偉い人は気さくなんですね。いろいろなことをざっくばらんにお話ししてくれました。何人かで話をしていたとき、ある人が土曜日にパーキングメーターのある場所に車を停めておいたら、駐車違反の切符を切られたと愚痴を言ったんです。そのパーキングメーターは土日が休みだったんですね。その人に言わせると、パーキングメーターがない場所に停めていた車は、駐車違反の切符を切られなかったらしいのです。

そんな話を聞いてから1週間ほどして、愚痴をこぼした人に盛田さんから手紙が届いたそうです。私は実物をその人から見せてもらいました。これこれこういう理由で駐車違反になりますと書かれていました。

それを見て、私は偉くなる人はやはり違うなと思ったんです。盛田さんは国家公安委員ではないんですから、そんな話は放っておいて構わないはずです。

恐らくは周りの誰かに調べてもらったのだとは思いますが、その内容をわざわざ手紙にしたためて送ってくれたんです。盛田さんは、他人の事でも自分事として考える人なんだと感心しました。

これを違う側面から捉えると、**一歩踏み込める能力**とも言えます。お客さまでも、部下でも、あるいは関わった人に対して親身になってさらに一歩を踏み込めることは、とても大事だと思います。

いざとなったらできるかというとそんな簡単なことではなくて、普段からやっていないとできません。自己中心的な考えの人はまず無理でしょうね。

採点ポイント！

関わる人に対して、親身になってさらに一歩を踏み込んでいますか

年　月　日
／2点中

年　月　日
／2点中

年　月　日
／2点中

第3章

顧客、社員に対して明日から始める13のこと

経営習慣 24

良い会社には、良いお客さまが続く

「経営者がなかなかできていない14のこと」で社長にはやらないといけない仕事が3つあり、限られた時間を機会追求にどれだけ充てられるかが重要ということをお伝えしました。ここでは会社の良しあしを決める「お客さまとの向き合い方」について、私の考えをお話しします。

私は経営コンサルタントをもう長くやっていまして、クライアントが抱えるお客さまを見ていますと、クライアント自身のことが大体分かるんですね。やはり良い会社には良いお客さまが続いていると考えています。これは非常に大事なことです。

ここでリレーションシップ・マーケティングについてご紹介します。マーケティングの基本理論の1つですが、ご存じでしょうか。リレーションシップ・マーケティングは、お客さまとの関係づくりのマーケティングを指します。平たく言いますと、「1回のお客さまをいかにして一生のお客さまにするか」ということについての方法と言えます。

この際に基本的な考え方となるのが、お客さまを6つの段階に分けるというものです。具体的に言いますと、**①潜在客、②顧客、③得意客、④支持者、⑤代弁者、⑥パートナー**の6つです。

それぞれを具体的に説明していきましょう。①「潜在客」は皆さんがお分かりのように、お客さまになる前のお客さまを指します。その潜在客が、皆さんの会社の商品やサービスを実際に買ってくださると、②「顧客」になるわけです。英語で言うところのカスタマーやクライアントということですね。

次のステップの③「得意客」というのは皆さんよくご存じのように、お客さまの中でも皆さんの会社の商品やサービスをよく買ってくださる方になります。

得意客の次の④「支持者」というのは、ちょっと聞き慣れない言葉かもしれません。これは英語でサポーターと言い、例えば化粧品を買うならポーラの商品しか買わないとか、買い物はすべて小田急百貨店で済ませると決めているお客さまのことです。つまり、ブランドロイヤルティーやストアロイヤルティーが100%のお客さまを支持者と言うわけです。

リレーションシップ・マーケティングの考え方はもともと米国のカーディーラーから出てきたと言われているのですが、カーディーラーにおける支持者の場合、車を初めて買っていただいてから、2回目以降もずっと買い換えてもらうと、大体3000万円以上の売り上げになると言われているそうです。

この支持者は会社側から見ると、よそに浮気をしないお客さまですから、非常に有難いお客さまだということが言えます。ところがその上に、⑤「代弁者」というお客さまがいらっしゃいます。支持者がよそに浮気しないお客さまであるのに対して、代弁者はさらに皆さんの会社の良いところを、ほかの人に伝えてくれます。

今はネットが当たり前の時代ですから、代弁者の力は非常に大きい。皆さんもお分かりのように、会社が多額の費用をかけてあの手この手で広告宣伝を打つよりも、その商品やサービスを実際に使っているお客さまが言うことのほうが、ほかのお客さまは信用するわけです。だからこの代弁者がどんどん増えると、売り上げが飛躍的に伸びていくということが言えます。

最後の⑥「パートナー」なんですが、代弁者が主に口で会社をサポートしてくれるのに対して、パートナーと呼ばれるお客さまは、皆さんの商品やサービスが気に入り、加えて会社そのものも気に入ってくれています。例えば商品やサービスに関連するイベントを手弁当で手伝ってくれたりとか、新たなお客さまを紹介してくれたりするなど大変有難いお客さまなんです。

パートナーはお客さまという枠にとどまらない場合もあります。皆さんの会社の商品や社風を気に入ったあまりに、代理店を任せてほしいとか、一緒に働かせてほしいというお客さまもパートナーと言えるでしょう。

お客さまを、潜在客から顧客にすることもとても大事なことです。そして、その顧客を先ほど申し上げたように得意客→支持者→代弁者→パートナーと関係を深めていく。これをいかにして実現させるかを考えるのが、リレーションシップ・マーケティングの基本的な考え方です（そのコツは次項で説明します）。

私の今までの経験から言うと、ダメな会社ほど新規営業がうまいと思います。小宮さんは言い間違えている、ダメな会社は新規営業が下手でしょうと思われるかもしれませんが、そうではありません。ダメな会社は良いお客さまがどんどん抜けていくから、新規営業をしないと会社が成り立ちません。だから新規営業がうまくなる。けれどもリレーションシップ・マーケティングの視点が欠けていては、会社の成長は望めません。

京都の古いお店にはいちげん客お断りというところがありますが、それは良いお客さまとの関係を長続きさせることが本当のビジネスだと知っているからでしょう。

採点ポイント！

お客さまとの関係を深めていく努力をしていますか

年　月　日
／3点中

年　月　日
／3点中

年　月　日
／3点中

経営習慣
25

お客さまから見た主観的一番になる

良い会社は**1回のお客さまを一生のお客さまにする**のが上手です。潜在客を顧客、得意客にし、そこからさらに代弁者、パートナーと関係を深めていきます。

そこでのポイントを考えるときに、「**1番は偉い**」ということを押さえておく必要があります。お客さまから見て自社が1番になっていないと、関係を深めていくことが難しいからです。

皆さんは日本で2番目に高い山をご存じでしょうか。私はそう聞かれたときに、即座に答えが出てきませんでした。そこで思ったのが、「1番だから富士山は誰にでも覚えてもらえる。しかし2番目以降はなかなか難しい」ということです(答えは南アルプスの北岳です)。

ただし、これはそのままビジネスの世界には当てはまりません。例えば「1番の百貨店はどこか」と質問すると、人によっていろいろな答えが出てきます。三越とおっしゃる方もいれば、例えば関西の人なら高島屋だ、阪急だとおっしゃる方もいるでしょう。私の友人の画家は、ディスプレーがきれいだから松屋銀座が1番だと言います。

ここにお客さまとの関係を深めるヒントがあります。1番高い山と言えば富士山しかありませんが、百貨店の場合はたくさんの答えが出てくるのはなぜか。それは、1番の基準を相手に委ねているからです。

芸術家目線を持つ人はディスプレーがきれいな百貨店を選び、関西にいる人が関西ならではの基準で選んでも不思議ではありません。お客さまが1番を主観的に選んでいるわけです。この「**主観的一番**」がお客さまとの関係を深めていくときに重要になってきます。

客観的に規模が最も大きい会社だからといって、お客さまとの関係を深められるかどうかは分かりません。もちろん、多くのお客さまに利用していただいているという事実を主観的一番に変えていくことは、やり方次第で可能かもしれません。しかし、客観的一番だけで関係を限りなく深めていこうとするのには限界があります。それよりも、お客さまは主観的に見て一番好きな会社との関係を深めたいのですから、主観的一番を念頭に置かなければなりません。

主観的一番かどうかは、商品やサービスのクオリティー（Q）、プライス（P）、サービス（S）の組み合わせで決まりますから、自社のQPSが皆さんのメインターゲットにしているお客さまの望み通りになっているかどうかを、改めて検討してみてください。

採点ポイント！

提供する商品やサービスは、想定するお客さまから合格点をいただけますか

年　月　日　/3点中

年　月　日　/3点中

年　月　日　/3点中

経営習慣 26

満足を十分に高めずに感動だけを求めてはいけない

いちげんのお客さまの心を本当につかめれば、「ここのお店・商品しか使わない」というロイヤルティーが極めて高いお客さまに変わります。すると、代弁者として会社に代わって商品やサービスの良さを周囲に伝えてくれる可能性があります。

お客さまのそうした変化を強く促すのが、「満足と感動」です。商品やサービスでお客さまを満足させることができたら、「今後もこの商品を利用し続けよう」と思っていただけるでしょう。ただし、商品やサービスの良さを代弁者として、自社に代わって周囲に伝えてもらえるようにするには、レベルを一段上げてお客さまを感動させることが欠かせません。皆さん自身が感動したとき、周囲の人に話したくなることを思い出せば、私が申し上げていることをご理解いただけると思います。

満足を越えた先にある感動をお客さまに感じていただくためには、感動がどういうときに起こるかを考える必要があります。皆さんの会社ですぐに着手できて有効な方法が、皆さんや社員の方が感動した商品やサービスを都度メモしておくことです。例えば定例会議を開くたびに、それまでの間に書き溜めたメモを互いに発表し合う。そうすれば、それを繰り返しているうちに、人はどんなときに感動するのかが、ある程度、分かってくるようになります。つまり、その本質を理解することです。「これまでなかった画期的新商品だから」「懐かしさがこみ上げてくるから」…。さまざまな要因があるはずです。まずは自分たちが感動をしないことには、お客さまに感動してもらえる商品やサービスを出すのは難しいと思います。

ここまで感動についてお話ししてきましたが、**満足あっての感動**ということを絶対に忘れないでください。サイレントマジョリティー、すなわち大多数の何も言わないお客さまに満足していただくことにまずは専念すべきであって、最初に感動ありきではいけません。

当社のお客さまがサイレントマジョリティーについて調査されたことがあります。会社の商品やサービスなどに不満を持っていても、それを口に出して指摘してくれるお客さまはわずか4％程度しかいなかったそうです。残り96％は、恐らく黙って去っていってしまう。そうならないために、商品やサービスそのものについて顧客ニーズをきちんと捉えられているかをチェックし続けることが重要です。

採点ポイント！

お客さまの満足度は十分に高いですか

年　月　日 /3点中
年　月　日 /3点中
年　月　日 /3点中

経営習慣

27

社員のためにも、「なれる最高の自分」を目指し、一流の経営者になる

経営者の皆さんは、社員の方たちに最高のパフォーマンスを出してもらいたいと思っていることでしょう。働く人が最高のパフォーマンスを出せば、自己実現ができるのではないかと私自身も考えています。

これはどういうことかというと、私は**自己実現というのは「なれる最高の自分になること」**だと思っているんです。もちろんなりたい自分になるということもありますが、なれる最高の自分を目指すことが自己実現への非常に大きなステップになります。

そのときに問題となるのが、多くの人がなれる最高の自分を目指していないこと。どうして目指していないかというと、そういうことを意識していないことと、一人前で満足しているからではないかと私は考えています。

ここで**「一人前」と「一流」の違い**を考えてみたいと思います。一人前とは目の前にある仕事を右から左にさばけるレベル。先輩に聞いたりマニュアルを開いたりせずに対処できるものの、やはり一流とは違います。ではどうして多くの人が一人前で満足して成長の歩みを止めてしまうかというと、一人前になれば周りの人が誰も文句を言わなくなるからです。「まあ、一人前だからいいか」と思うわけですが、それがとても良くない。

私は『ビジョナリー・カンパニー2 飛躍の法則』という本が好きで、その冒頭の文章がとても気に入っています。「**グッドはグレートの敵である**」と書いてあるんですね。グッドであるということ、一人前の状態と言い換えていいと思うのですが、それがグレートになること、すなわち一流になることを阻害している最大の要因だと私は解釈しています。

どうして一人前で満足しているかというと、周りの誰もが文句を言わないのに加えて、本人がなれる最高の自分になろうとしていないからです。人間はなれないものにはなれません。根性を出したら何とかなるなんて思っている人がいるかもしれませんけれども、じゃあ、根性を出して100メートルを9秒7で走ってみてくださいとお願いされたところで、残念ながらできませんよね。けれども、多くの人が

「なれる最高の自分」になっていないことは、とても残念なことだと思います。

冒頭で自己実現という言い方をしましたが、働く人が自己実現することは、とても大事ではないでしょうか。誰もが大体40年から50年程度の長い期間にわたって働くわけです。人生の一番いい時期といってもいいかもしれない期間を、当人が好むと好まざるとに関わらず、仕事に費やしている。その仕事で自己実現できるかどうかはその人の人生にとって、とても大事なことですし、会社にとっても社会にとっても大切なことだと考えています。ですから仕事において、なれる最高の自分を目指しているかどうかはとても大切なのです。

経営者の皆さんは、社員の人たちになれる最高の自分になってもらう手助けをしなければなりません。そして、それと同じくらい大事になってくるのが、皆さん自身が「なれる最高の自分」を目指しているかどうかということです。社員に思い切り働いてもらって、なれる最高の自分になってもらおうとしているのに、自身は「社員がなれる最高の自分になってくれればパフォーマンスが上がるから、会社としてもいいな」とただ考えていたり、だらだらして社員の努力による稼ぎの上前をはねるようなことをしていたりしては、経営者として失格です。

だから皆さん自身がなれる最高の自分を目指し、経営者においても一人前と一流は別ですから、一人前で満足せずに一流の経営者になるように「なれる最高の自分」を目指さないといけません。そのためには経営について書籍で勉強し、いろいろなところへ行ってたくさんの人の話を聞いて、それを実践する。なれる最高の自分を常に目指しているかどうか、意識して実行していることが大切だと思います。

採点ポイント！

「一人前の経営者」で満足していませんか

年　月　日
／3点中

年　月　日
／3点中

年　月　日
／3点中

経営習慣28

社員が同じことをしても許せるか

私も創業者でありオーナー経営者なので分かるのですが、皆さんがすることについて社員は誰も表立っては文句を言うことはないと思います。けれどもとても厄介なことに、会社がうまくいかない大きな理由の1つに公私混同があります。それこそ、戦略的にはある程度正しいことをしていても、公私混同の振る舞いがあると会社は簡単に傾きます。皆さんは大丈夫ですか。

公私混同かどうかの基準は簡単です。「**社員が自分と同じことをやっても許せるか。**」この1点で判断できます。

例えば、皆さんが経営を学ぶセミナーに行くとしましょう。その時間に皆さんの部下である社員は働いているわけです。「俺は社長だから高い金を出して話を聞きに行く」。それは悪いことではありません。でも社員たちをセミナーに行かせたのに、「ほとんど寝てました」などと言ったら、皆さんはどう思いますか。きっと怒るでしょう。であれば、皆さんもセミナーで眠ることは許されないし、払ったお金に見合うだけの学びを真剣に得ようとする必要がありますよね。

公私混同の観点で見ると、多くの中小企業でアウトなのが車です。会社の車を私用で使っていませんか。「どうしてダメなんだ」と思う経営者は論外です。そんなことを言っているから儲からないのです。儲からないから会社の車を私用で使うんです。

会社用とプライベート用の2台を、それぞれのお金で買えばいいじゃないですか。皆さんが私用で使う高級車のお金をどうして会社が負担するのでしょうか。高級車に乗ってはいけないとは言っていません。自分のお小遣いで買えばいいだけの話です。それなら誰にも文句を言われる筋合いはありません。私はセミナーに来ていただく方に冗談交じりによく言っているんです。会社で借りたお金で高級車を買うのであれば、ナンバープレートの平仮名を借金の「し」にして、借入額や金利の数字をナンバーにして走らせたらいかがですかと。

オーナー経営者の自分がやっていることは、社員がやっても許せないといけません。だから皆さんが会社の車を私用で使うのなら、社員が家族旅行に行くときでも営業車で行かせてあげないといけない。もちろんガソリン代も会社持ちです。それを不満に思うのであれば、会社の車を私用には使わない。もし、どうしても私用に使うのなら、購入費と維持費の1割を支払ってください。

公私混同や私利私欲を排除した皆さんが良い会社を作ることに邁進した結果、儲かったら役員報酬をたくさん受け取ればいいんです。負っている責任が社員と違って重いのですから当然です。経営者が公私混同をしていて儲かってもいない会社というのは、当然、役員報酬をたくさん受け取ることができません。仕方ないから、会社のお金に手を出したくなるわけで、悪循環なんですね。

皆さん、オーナー経営者ですから儲かった分、バランスシートの利益剰余金はすべて自分のものになります(もちろん、それをすべてキャッシュアウトしろと言っているのではありません)。

そこでよく聞かれるのが「経営者の報酬はどうやって決めればいいですか」という

質問です。その会社の業績にもよりますが、1つの目安として、メガバンクの支店長クラスの金額は受け取っていいのではないかと思います。大体、年収で2000万円から2500万円といったところでしょうか。

同業他社よりもっと儲かっているなら、5000万円でも7000万円でも構わないでしょう。私のお客さまでも、そのくらい受け取っている方は結構いらっしゃいますから。でも繰り返しますが、社員が納得するかという視点は忘れないようにしてください。良い会社を作って、社員も働きがいがあり、世間に比べて納得できる給料を取っていれば文句は言いません。

がめつい社長は社員の給料を少しでも減らそうとします。でも私は正反対の考えです。もともとは私がつくった基準ではなくて、経営コンサルタントの一倉定先生のお話を聞いて共感した考えです。

一倉先生は「給料は自分の会社と同じ地域の同業他社より1割多く払ってあげなさい」とおっしゃっていたそうで、まさに言い得て妙だと思うのです。給料が同業他社より安いと社員はプライドを持てないし、生活の満足度も下がりますよね。でも逆に1割も多いと満足度は高くなります。

経営幹部の給料を決めるときは違う視点も入ります。私がすごく尊敬する経営者は一代で一部上場会社をつくって1万人も雇っています。その方曰く、「会社の格というのは世間で認識されているものとは別に、**年収1000万円以上の人が何人いるか**でも決まるんだ」と。確かにその通りだと思います。皆さんの会社にも、一生、一緒に働いてくれる経営幹部がいらっしゃるのではないでしょうか。「経営幹部には年収1000万円」。これを1つの基準にしてみてはいかがでしょうか。

採点ポイント！

公私混同の振る舞いはゼロですか

年　月　日
／3点中

年　月　日
／3点中

年　月　日
／3点中

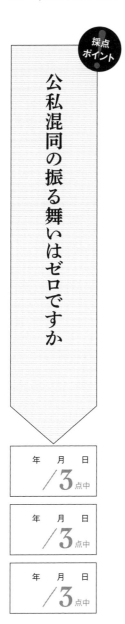

経営習慣 29

お客さまにも社員にも「あなたは特別」を実践

関係を深めてお客さまに一生のお客さまになっていただくには、特別に扱うということにも気をつける必要があります。皆さんはお客さまを十把一絡げに扱っていないでしょうか。

まずはお客さま一人一人の名前を覚えることから始めましょう。ベストはお客さまごとの特徴を覚えること。中には「顧客は何十万人もいるから、名前を覚えることはできない」という方がいらっしゃるかもしれません。しかし諦めずに、顧客データを活用してお客さまとの関係を深めていくことを考えていただきたいのです。

大多数の会社は顧客データをどう使えば会社の儲けにつながるかと考えますが、そうではなく、**顧客データをどう使えばお客さまに喜んでいただけるかを考える**ことが大事だと思います。お客さまの立場から考えれば、儲けのために自分たちのデータが使われるのはいい気持ちがしません。しかし、自分たちのためにデータを使ってくれれば、その会社との心理的距離は縮まります。

以前、大勢の医師の前で講演したことがあります。「誕生日を迎えた患者さんに、おめでとうございますと言っていますか」と質問したら、医師たちはきょとんとした表情を浮かべていました。

医師の手元にはカルテがありますから、目の前の患者さんの誕生日を知ろうと思えばすぐに分かるわけです。そして患者さんから見ると、医師に誕生日を祝ってもらったら自分のことを気にしてくれていることが分かって嬉しいはず。このように、お客さまに喜んでいただくためにデータを使うことは、大げさなことをしなくてもできるのではないでしょうか。

もちろん、顧客データがなくても「あなたは特別」という姿勢を示すことはできると思います。私は毎朝、会社へ向かう途中のコンビニエンスストアで飲み物を買うようにしていて、袋は不要と伝え、電子マネーで決済するようにしていました。するとそのうち、レジに飲み物を持っていくと、店員さんは何も言わずにシールを貼り、電子マネーで決済する準備をしてくれるようになったのです。

決済後に「行ってらっしゃい」と送り出してくれる店員さんがどこの誰かは知らな

いし、店員さんも私がどこの誰かは恐らく知らないはずです。けれども、店員さんは客の私に対して特別な扱いをしてくれています。お客さまに真摯な関心を寄せれば、「あなたは特別」を実践することは難しくはないのではないでしょうか。

なお、「**あなたは特別**」は部下に対してもぜひ行動に移すようにしてください。私が仲よくさせていただいている社長は、社員300人の誕生日にお祝いと感謝のメッセージを手書きして、自宅に贈る習慣を続けています。そうすることで社員の会社に対する帰属意識や社長との一対一の関係が強まります。

採点ポイント

お客さまや社員に真摯な関心を寄せていますか

年　月　日　／3点中

年　月　日　／3点中

年　月　日　／3点中

経営習慣30

社員への優しさと厳しさは表裏一体

お客さま志向の小さな行動を徹底することが、大きな成果を上げることにつながります。その際に重要なのは、経営者として会社全体を指揮する皆さんが先頭に立って取り組むことです。**リーダーシップというのは覚悟**だと私は考えていて、言い出したことはまず自分がやるという姿勢が大事だと思います。お客さま志向に立った行動とはどうあるべきか、率先垂範で社員に示してください。

ご自身がお客さま志向の小さな行動を実践した上で社員にも取り組ませるわけですが、必ず全員で取り組むことが重要です。企業経営においてはたった1人が大きな間違いをすることによって、会社全体の評判を落としてしまうことがあります。**100引く1がゼロ**になるリスクがあるのです。

となると必然的に経営者は社員に対して口うるさく言ったり、厳しいことを伝えたりする場面が出てくるでしょう。ここで臆せずにできることがすごく大事だと思います。**リーダーが持つ甘さと優しさは違います**。甘さというのは、単なるその場しのぎです。「こんな厳しいことを言うと自分は嫌われてしまうのではないか」「社員がかわいそう」と思うのは社員に対する甘さです。

リーダーは中長期的に関わる人すべてを幸せにするのが務めであり、それが優しさです。甘いことばかりやっていると、結局は組織がダメになってしまうでしょう。

確かに社員に厳しいことを言うのは、エネルギーや勇気が必要です。しかし、そのエネルギーや勇気は経営者の信念から出てくると思うのです。ですから**経営者は正しい信念を持つこと**が大切です。

私の人生の師匠、円福寺という小さなお寺の住職だった藤本幸邦老師は、日本や世界で恵まれない子供たちのために非常に努力されました。愛育園という施設を始められ、カンボジアやバングラデシュに学校を建て、アフリカに水のタンクを配るなどの慈善活動を、99歳でお亡くなりになる直前まで精力的にやっておられました。

藤本先生は小柄で、どこからエネルギーが出てくるのかと考えていたんですが、ご自身の信念から出てきていたのだと思うようになりました。世界中の恵まれない子を助けたい。その強い信念がエネルギーを生み出していたのだと思います。

強い信念、正しい信念を身につけるには、論語や老子のように昔から読み継がれている古典を読むのがいいと思います。キリスト教の聖書でも、仏教の本でももちろん構いません。人類が長い間読み継いできた本を読み、それを実践することをお勧めします。

こうした古典が難しければ、松下幸之助さんや稲盛和夫さんの本でもいいのです。1回読んで終わらせるのではなく、何度も何度も繰り返し読むことが大事です。いい本を読んで、それを実践し、正しい信念をぜひ身につけてください。

採点ポイント！

社員に厳しいことを言えますか

年　月　日
／3点中

年　月　日
／3点中

年　月　日
／3点中

経営習慣 31

社員と真摯に向き合い、夢や希望を持たせる

社員と真摯に向き合っている経営者の方はどのくらいいらっしゃるでしょうか。あるいは夢や希望を社員に持たせている経営者はいかがでしょう。真摯に向き合うこと、夢や希望を持たせることの大事さを改めて知る機会がありましたので、お伝えしたいと思います。

ある児童養護施設を訪ねたときのことです。この児童養護施設は戦後すぐにできたもので、70年近く経っています。親との関係がうまくいかなかったり、家庭の事情があったりする18歳までの子供を50人弱預かっていました。

長い年月の間には、学校でトラブルを起こしたりして停学になる子や、施設から逃げ出してしまう子など、多くの問題が起きていました。

そんな状況の中で、10年ほど前に園長が代わりました。園を変えていこうとお考えになって、非常に大変な取り組みをされました。最初は職員たちからも反発があり、一時期は多くの職員が辞めてしまう事態になったものの、若くてやる気のある職員を採用したり、実力があれば副園長に抜擢したりして施設を立て直しました。

施設の雰囲気が変わったこともあって、子供たちを巡る様々な問題も解消していく中で、嬉しいことがありました。ある子供が勉強を頑張って国立大学に進学したのです。

一般家庭であれば進学しても実家から通学したり、援助を受けたりすることはできますが、養護施設は18歳までしかいられません。大学進学は本当に難しいのです。経済面をどうやって解決するかという問題を養護施設の先生が学校とも話し合った結果、奨学金を利用しながらアルバイトもすれば何とかなると目途がついて、進学しました。園長先生も職員も本当に喜んで、全員が涙を流したそうです。

それからもう1人の子供は高校3年生の女の子なんですが、施設に入ったときは自分に自信が全くなくて人前に立てないような性格でした。それが美化活動などで少しずつみんなに認められるようになって、生徒会では大きな役を任せられるようになり、次第に自信をつけてオール5の成績を取るまでになりました。希望していた就職先に入社できたと喜びながら皆の前で話をしてくれました。これもとても素晴らしいことです。

この子たち2人が共通して言っていたのが、「夢や希望を持つことがとても大事だ」ということです。そして、職員たちが真摯に向き合ったことも、この子供たちの人生が大きく変わった大きな理由だったと思います。ここから経営者が学べることはとても大きいのではないでしょうか。

採点ポイント

社員の夢や希望に向き合っていますか

年　月　日
/3点中

年　月　日
/3点中

年　月　日
/3点中

経営習慣32

働きがいを感じている社員にしか、考えを伝えることはできない

経営者が考えていることが、社員にうまく伝わることはとても大切なことです。しかし、経営者の方たちとお話をしていると、「自分が考えていることが部下になかなか伝わらない」と悩んでいる人も多いと感じます。中堅中小企業の経営者から相談されたこともあります。このことについて、私の考えを正直にお伝えします。

皆さんの多くがお考えのように、経営者が考えていることが会社組織の末端にまで伝わるという状態はとても望ましいとは思います。しかし、現実にはそれはとても難しく、**働きがいを本当に感じている社員にしか、考えはしっかりとは伝わらないのです**。

社員に自分の考えを理解してもらう努力を求めるのではなく、良い仕事をすることに集中してもらうほうがいいと思います。お客さまが喜ぶこと、働く周りの仲間が喜ぶこと、仕事の工夫。この3つにとにかく集中してもらう。現場に立つ人は、この3つを実践することで働く喜び（＝働きがい）を感じやすくなるのです。

経営者が考えている会社のビジョンや理念に対して、社員に共感してもらうことはとても大事なことです。ただし逆説的になりますが、良い仕事を通じて働きがいを感じた人にしか、ビジョンや理念、経営者の高い志は共有できないのではないでしょうか。

言い方を変えれば、良い仕事をして働く喜びを感じることができないような人が、それよりも高い概念であるビジョンや理念、志を感じることは、まずあり得ません。これまでにたくさんの会社の現場を見てきて、そう思います。

『論語』に「民は之に由らしむべし、之を知らしむべからず」という言葉があります。私はこの言葉を「リーダーは一般大衆に頼りにされないといけない。教えることは難しい」というふうに解釈しています。崇高な考え方、ビジョンや理念、志を教えるのは難しい。その代わりに、このリーダーだったらついていこうと頼りにされることが大切だと思うのです。

だから経営者の皆さんは社員に考えを伝えたいのであれば、まずご自身が良い仕事に専念してください。それをしながら社員たちにも良い仕事をしてもらい、働きがいを感じてもらうことが大事です。良い仕事をしたほうが結果として考え方が伝わり、またその結果として業績アップにつながることを理解していただきたいと思います。

採点ポイント

働きがいを考えずに、自分の考えを理解する努力を社員に求めていませんか

年　月　日
／3点中

年　月　日
／3点中

年　月　日
／3点中

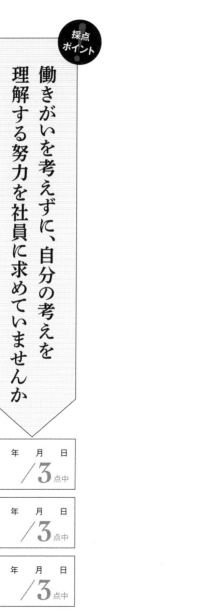

経営習慣33

理想の組織はアウトバーンに学ぶ

当たり前の話ですが、会社は働くところです。しかし実際には、出社しているだけで仕事をしているふうに見なされている会社もあるのではないでしょうか。**社員が生き生きと働けるようにするためには、信賞必罰が必要です**。能力や適性は人それぞれですので、働きに応じてきちんと報いることが重要です。優秀な人は給与を2倍にするとか、パフォーマンスが低い人を罰するなど極端なことをしなくても、社員を適正に評価することはできると思います。

理想の組織はドイツの高速道路、アウトバーンのようなものではないかとイメージしています。ドイツに行かれた方はお分かりの通り、現地は右側通行でアウトバーンの一番内側のレーンは時速無制限なのです。制限速度がもっと遅いほかのレーンの自動車を横目に、時速200kmを超えるスポーツカーがビューンと走り去っていきます。

アウトバーンをどうして理想の組織としてイメージしているかというと、速く走りたい人が思い切り力を出すことができ、そうではない人は遅いスピードで走ることができるように設計されているからです。

ダメな会社は日本の高速道路のようなものです。一番右側の追い越し車線の先頭を軽自動車がせいぜい時速90㎞で必死に走っていて、その後ろを高性能の車の運転手がストレスをためながら走っている状況が珍しくありません。もっとひどいと、さらにその後ろに高性能の車が数珠つなぎになっています。


働きに応じて評価することがとても大事で、目いっぱい働きたい人が思い切り力を出せる環境を経営者が整える必要があります。

ただし注意点があります。お金で人を釣るようなやり方、つまり一生懸命働く人には給料をたくさん払うけれど、そうではない人には大して支払わないというやり方を私はお勧めしません。とはいえ一生懸命働いている人もそうではない人も同じように評価したら、一生懸命働いている人のモチベーションは著しく下がってしまいます。ではお金だけではなく、褒めること、認めることをしてみてはいかがでしょう。例えばあなたが声をかけてもいいし、全員の前で表彰してもいいかもしれません。本人にとってインセンティブになると思います。

もう1つ大事なことがあって、経営者は社員がお互いに褒め合う社風を作る必要があると思います。私のお客さまの中には、「いつもお花を飾ってくれて有難う」「先日、仕事を手伝ってくれて助かりました」といった相手への感謝を付箋に書いて社員食堂に掲示しているところがあります。このように社員が互いに良い点を褒め合う会社は、社員の働くインセンティブがとても高いと思います。

採点ポイント

お互いを褒め、認める風土になっていますか

年　月　日
／2点中

年　月　日
／2点中

年　月　日
／2点中

経営習慣34

長所を生かせ、短所にこだわるな

私が経営するコンサルティング会社は15人と小規模ですが、社員一人一人に長所と短所があります。ここで重要なのは、**経営者は社員や従業員の長所を生かすこと**です。皆さんは従業員の悪いところばかりに目が行っていないでしょうか。

例えばスポーツチームを作ったときに全員の長所を生かし切って戦うのと、そうではないのとでは、結果が違うのは明らかでしょう。プロの世界では野球でもサッカーでも、選手は同じメンバーなのに監督が代わると結果が変わることがよくあります。それは長所を生かしているかどうかに大きく左右されるからです。

世の中が皆さんの会社に求めているのは長所です。並のものや悪いところは必要とされていませんし、そこで勝負しても差別化できません。松下幸之助さんも、人のことは長所7割、短所3割で見ないといけないとおっしゃっています。皆さんは長所を生かせるチームを作るために、それぞれの長所を意識的に見いだすようにしなければいけません。それができる人は、人を心から褒めることができる人です。

先ほどの長所7割、短所3割について、念のために申し添えておきます。長所7

割は今言った通り、長所を生かそうという意味ですが、短所3割はそれを矯正しようということではありません。はっきり言ってムダです。短所を矯正し、並の状態になったとしましょう。でも、労力をかけて並の人を作ることに意味があるとは思えません。

短所3割とは短所を見て矯正するのではなく、きちんと把握しようということを意味しています。そして、**ある人の短所や弱点をほかの人がカバーする**のです。それがチーム力です。

例えば、皆さんの会社に営業がとても上手だけど書類作りは苦手な社員がいたとします。周囲は書類が出てくるのが遅いと文句を言い、ダメな経営者や上司は書類の書き方を注意してしまう。するとその社員は営業に割く時間が減るわけです。この状況を経営者目線で冷静に見て、いいことだと言えるでしょうか。書類作りは、営業は不得手だけど書類作りが上手な人に任せたほうが、よほどいいと思います。

経営者の役目は社員の長所を生かすと決めて、短所はチーム内でカバーしてチーム力を上げることです。営業から書類が回ってこなくて困っていると経理が文句を言っていたら、そこで加勢するのではなく、チームの他の誰かにそれをやらせる、あるいは、経理のあなたが代わりにやってほしいと言えばいいのです。もっと大事なことを忘れて部下の話に迎合していたら、経営者は務まりません。

採点ポイント

社員一人一人の長所を見いだし、それを心から褒めることができますか

年　月　日　／3点中

年　月　日　／3点中

年　月　日　／3点中

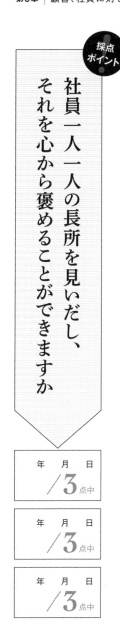

経営習慣 35

社員がわくわくする目標を立てる

社員のやる気を引き上げる手段の1つとして、経営計画も立て方次第で有効になることはご存じでしょうか。

経営計画を立てるときは、会社のミッションやビジョンをベースにして、外部環境や内部環境を分析して戦略を立てます。外部環境については今の世の中がどんな状況か、そして今後はどう変わっていくかという視点、内部環境については皆さんの会社をライバルと比べて相対的な強みや弱みは何かという視点で分析します。

いろいろな会社が経営計画を策定する際、お手伝いしている経験から2つのコツがあると思っています。

1つは**10年後の自社の状況を意識すること**です。少子高齢化はさらに進み、人口減少も止まりません。コロナショックの影響で社会も大きく変わります。先ほど申し上げた世の中がどう変わっていくのかを考えるときに、難しいですが、10年後をイメージします。対策を何も講じないままでいるとどうなると予想できるか、自社のあるべき姿を追求するとどんな会社になるかを考えるのです。

そしてもう1つのコツが、経営計画を立てる際に設定している目標についてです。多くの会社が売上高や利益を目標にしていると思います。もちろん最終的には必要な目標ですが、良い会社は従業員がわくわくする中間目標も立てているのです。

先にも述べましたが、飛躍的に成長した会社の特色を分析した『ビジョナリー・カンパニー2』には、次の3つを重ねながら事業を定義した会社がうまくいくと書かれています。1つは「世界一になれる領域」。これは世界一ではなくても、私は日本一、地域一番でも構わないと思っています。とにかくあるエリアで自社が一番になれる領域です。2つ目は「働く人がわくわくする事業や計画」。そして3つ目は、「経済的原動力になること」。そしてそれに関連して「中間目標をうまく立てる」ということ。KPI（重要業績評価指標）という言葉を聞いたことがありますか。これは数値で表すことができる目標で、中間目標としても使えます。これが、先ほどの「働く人がわくわくする」とすごく関係しているのです。

例えば売上高や利益だけを目標にすると、それが会社全体だろうと部門だろうと、社員はあまり関心を持てないんですね。しかし、お客さまに提案をいくつするとか、お客さまに「有難う」と言ってもらえた回数など身近なものを対象にした中間目標を設定すると、働く人がわくわくできるようになります。

違った側面から言うと、売上高や利益だけが目標になり、それが目的化した会社は殺伐とした雰囲気になってしまいます。そうした状況を防ぎ、働く人がわくわくする中間目標をどれだけ作れるか。経営計画策定の大きなポイントです。

採点ポイント

具体的で身近なわくわくする中間目標を社員に示していますか

年　月　日
/3点中

年　月　日
/3点中

年　月　日
/3点中

経営習慣 36

怖くて、優しいリーダーであれ

成功する経営者は怖いけど優しいと感じます。ただし言うのは簡単でも、実践となると難しいことです。

私は松下幸之助さんのことが大好きで、今の会社を立ち上げる時に、松下さんがお書きになった本を徹底的に読み込みました。それでご本人に会いたいと思ったのですが、残念ながら既にお亡くなりになっていました。それで当時の松下電器産業（現パナソニック）に知り合いがいたので、生前の松下さんと一緒に働いていた人を紹介してもらったのです。

大阪府門真市の本社に行きまして、70歳を過ぎておられたOBの方が終日つき合ってくださり、たくさんのお話を伺いました。松下さんはどんな人だったんですかと質問したところ、返ってきたのが冒頭の「怖いけど優しい人だった」という答えです。

そのときOBの方が紹介してくれたのが、こんな興味深いエピソードです。松下電器のある部長が大きな失敗をしてしまい、松下さんの執務室に呼ばれました。相手は神様ですから、部長はそれはもう緊張していたそうです。そんな部長に対して松下さんは烈火のごとく怒り、その勢いに負けて部長はその場で気絶してしまいました。

すごいでしょう？　名経営者として知られる松下さんですが、怒った時のすさまじさは壮絶だったんですね。余談ですが、「叱ると怒るを使い分けろ」とよく言われますが、結局はビジネスパーソンの処世術にすぎません。だってそうでしょう、怒っているときに、「自分は叱っているのか、怒っているか」などということを考えている人は、所詮、本気ではないのです。

話を戻すと、気絶した部長をその場に置いておけないため、部下が執務室の外に連れ出したそうです。すると松下さんがすぐに秘書を呼んで、部長の自宅の電話番号を聞き出し、電話を掛けた。もちろん部長は会社で倒れていますから自宅にいません。松下さんは電話口に出た部長の奥さんに、「今晩、おたくの旦那さんはしょげて帰ってくるはずだから、夕食にお銚子の2本でも3本でもつけてあげてほしい」と頼んだのだそうです。

松下さんは「リーダーとして成功したいのなら、人間観を持たないといけない」とおっしゃっています。この意味が分かるでしょうか。

つまり、人間とは本質的に何かを考え、また、人はどういうときに喜んで、どういうときに悲しむのか。自分のことしか考えていない自己中心的な経営者は、これが理解できません。でも成功する人は自分以外の人の視点に自分の視点を置けるから、部下の気持ちも分かるし、本当の意味でのお客さま第一を実現できるのです。さらに、人間観の有無で、自身の人生を幸せにできるかも違ってきます。

自己中心的な経営者は自分自身に気持ちが入り込んでしまっています。自分が幸せかどうかに意識が集中しているけれど、はっきり言ってそんなことは周りの人の知ったことではありません。社員も経営者の皆さんと同じぐらい幸せになりたいと思っています。そんな至極当たり前のことが分かっていません。

特に言っておきますが、2代目、3代目の経営者は苦労が足りない人も少なくありません。ずっとちやほやされていて、社員は自分の踏み台ぐらいにしか思っていない人も中にはいます。けれどもそんな会社は、そのうち優秀な人から順に辞めていきます。今のような厳しい経営環境のときは、なおさらです。

社員の視点に自分の視点を置くというのは、経営者の皆さんに社員への迎合を求めているわけではありません。社員はどんなことを考えているか、お客さまはどんなことを考えているのか。自己中心的になりがちな姿勢を戒め、自分を含めて客観的に見てくださいと申し上げているのです。

経営者は怖いけれど優しい。言わなければいけないことは絶対に言う必要があります。そのために社員から怖い、厳しいと思われることもあります。でも、それと同時に相手に対する人間的な優しさも持てるかどうか。松下さんのエピソードはとても重要なことを経営者に教えてくれていると思います。

採点ポイント！

人はどんなときに喜び、悲しむかが分かりますか

年　月　日
／2点中

年　月　日
／2点中

年　月　日
／2点中

小宮 一慶（こみや かずよし）

経営コンサルタント。小宮コンサルタンツ代表取締役CEO。十数社の社外取締役や監査役、顧問のほか、名古屋大学客員教授も務める。1957年、大阪府堺市生まれ。京都大学法学部卒業後、東京銀行（現 三菱UFJ銀行）に入行。米ダートマス大学タック経営大学院留学、MBA取得。その後、岡本アソシエイツ取締役に転じ、国際コンサルティングに従事。その間、カンボジアでの国連平和維持活動（PKO）に国際選挙監視員として参加。日本福祉サービス（現セントケア・ホールディング）を経て1996年に独立し、現在に至る。著書は多く、『図解 ビジネスマンのための「数字力」養成講座』『ビジネスマンのための「法律力」養成講座』（いずれもディスカヴァー・トゥエンティワン）、『経営コンサルタントの教科書』（日経BP）など100冊を超える。

どんなときでも稼ぐ社長がやっている経営習慣36

2020年 7月13日　初版第1刷発行

著　者	小宮 一慶
発行者	伊藤 暢人
発　行	日経BP
発　売	日経BPマーケティング 〒105-8308 東京都港区虎ノ門4-3-12
装丁・本文デザイン	エステム
印刷・製本	図書印刷株式会社

ISBN978-4-296-10638-7